Gagner en efficacité en équipe

Les outils de l'intelligence collective

Éditions d'Organisation
1, rue Thénard
75240 Paris Cedex 05
Consultez notre site :
www.editions-organisation.com

© Éditions d'Organisation, 2004
ISBN : 2-7081-3161-3

Docteur Patrick M. GEORGES

Gagner en efficacité en équipe

Les outils de l'intelligence collective

Éditions
d'Organisation

L'auteur

Patrick M. Georges – *pgeorges@arcadis.be* – est professeur en management. Il enseigne dans différentes universités et hautes écoles de commerce, notamment HEC à Paris et Solvay Business School à l'Université libre de Bruxelles.

Il a mis au point plusieurs méthodes de travail en équipe qui comptent parmi les plus employées dans le monde : le Management Cockpit, Intranet Indira, la Convention d'équipe. Il est l'auteur de best-sellers en management, en particulier *Gagner en efficacité* aux Éditions d'Organisation.

Spécialiste en intelligence humaine et en organisation du travail, le Docteur Patrick Georges est aussi neurochirurgien et pratique dans un grand hôpital universitaire en Europe.

Par ailleurs, il dirige régulièrement des séminaires de travail en équipe pour les entreprises.

Outlook® est une marque déposée de Microsoft.

Management Cockpit® est une marque déposée de SAP crée par Patrick Georges et un produit livré par N.E.T. Research.

Intranet Indira® est une marque déposée et un produit de la société N.E.T. Consulting.

Sommaire

Partie 1
Quatre programmes simples et pratiques pour améliorer votre équipe

Chapitre 1

Partie 2
Les trente meilleurs outils de travail en équipe

Dans cette partie chaque outil est présenté selon le même plan :
- ➥ Posez-vous les bonnes questions
- ➥ Optimisez cet outil dans le cadre des différents programmes
- ➥ Fixez-vous des objectifs et mesurez vos performances
- ➥ Vos plans d'action

Organisez de vrais briefings !

Suivez les règles de base de la politesse !

Organisez une vraie salle d'équipe !

Un outil de coordination indispensable

Faites accéder les membres de votre équipe à l'efficacité du monde virtuel

Partie 3

Une histoire vécue,
un exercice de conclusion

Avant-propos

Toutes les études le montrent : la moitié des échecs des activités humaines est due à des erreurs humaines. La moitié de ces erreurs sont dues à des erreurs de travail en équipe. Vous ne pouvez pas vous permettre cela !

Les échecs sont provoqués par une mauvaise coordination de l'équipe pour six raisons majeures :

- les objectifs étaient ambigus ;
- les membres de l'équipe étaient éloignés, physiquement ou mentalement ;
- les membres étaient non familiers entre eux et avec le travail ;
- les rôles étaient conflictuels ;
- le feed-back des actions n'était pas assuré ;
- les informations étaient mal partagées.

La coordination s'est brisée, l'équipe n'agit plus comme un seul homme. L'un croyait que l'autre avait vérifié. L'un savait une chose que son co-équipier aurait dû savoir.

Beaucoup de catastrophes et de faillites sont liées à une mauvaise communication dans l'équipe : le navire de guerre qui abat un avion de ligne, l'incendie à bord d'un ferry, l'explosion d'une centrale atomique, l'échec d'une fusion d'entreprise, l'accident d'avion.

Vous trouverez dans ce livre tous les outils nécessaires pour éviter ces échecs, à votre niveau.

Introduction

Ce que ce livre peut vous apporter

Ce livre est un manuel indispensable pour toute personne qui travaille au sein d'une équipe ou d'un projet.

Dans la **partie 1** sont présentés quatre programmes pratiques d'amélioration du travail en équipe, à appliquer pour augmenter l'efficacité de votre équipe ou de votre projet. Chaque programme comprend les instructions et les exercices à faire.

Dans la **partie 2** est offert un catalogue illustré d'exemples des trente meilleurs outils simples pour mieux organiser le travail en commun.

Chaque outil correspond à une fiche où vous trouverez un descriptif, des témoignages d'utilisateurs et l'utilisation de l'outil dans le cadre des quatre programmes de la première partie.

La **partie 3** est un exercice de conclusion sous forme de l'histoire vraie d'une équipe. Pour vous aider à bien intégrer ce que vous venez de lire.

En plus d'être une nouvelle bible des méthodes modernes de travail en équipe, ce livre est lui-même un outil de travail. Si vous répondez à toutes les questions qu'il vous pose, vous aurez réussi l'exercice d'équipe le plus puissant qui existe.

Mais voyons d'abord d'où viennent ces méthodes modernes. Quelle est leur base scientifique ? Pourquoi cet intérêt croissant pour les sciences de l'intelligence collective ?

Qu'est-ce que l'intelligence d'équipe ?

La définition est la même que pour l'intelligence d'une personne, mais elle est appliquée à un groupe de personnes travaillant ensemble. Pour être « intelligente », l'équipe doit avoir une excellente mémoire collective, un langage commun sans ambiguïté, un cerveau pour décider et un système nerveux pour véhiculer l'information.

Les faiblesses de l'intelligence d'équipe

Les parties d'un même cerveau humain communiquent vite et bien entre elles. Mais quand un groupe de personnes doit travailler ensemble, il faut interconnecter plusieurs cerveaux. C'est ici que l'intelligence collective présente sa plus grande faiblesse.

L'équipe n'a pas vraiment de mémoire collective bien organisée. Elle utilise un langage peu connu des intelligences individuelles qui la compose. Sa capacité d'attention est encore plus limitée que celle d'un individu.

Rendre votre équipe plus intelligente, c'est utiliser des outils qui organisent :

– votre mémoire collective des situations que vous avez rencontrées par le passé ;

– votre système nerveux pour apporter les informations aux centres de décision et pour faire exécuter ces décisions ;

– votre cerveau d'équipe et l'aide à la décision ;

– votre langage pour le rendre compréhensible par tous, sans ambiguïté.

Ce livre explique clairement quatre programmes qui vous aident à rendre votre équipe plus efficace et trente outils pour mieux organiser votre travail ensemble.

Les études sur l'intelligence collective progressent

De plus en plus d'articles scientifiques sont publiés dans le domaine des sciences du travail en équipe. Pourquoi cet intérêt pour les outils de travail en équipe ? Parce que, les organisations se structurent de plus en plus fréquemment en équipe et en projet, pour une meilleure efficacité.

Il y a plus dans plusieurs cerveaux que dans un seul, mais plusieurs éléments tendent à se transformer. Qu'est-ce qui se perd entre l'intelligence individuelle et l'intelligence collective ?

La responsabilité se dilue

Si vous êtes seul à faire un travail, vous vous sentez naturellement responsable du résultat, comme le joueur de tennis. Si vous êtes plusieurs à exécuter un travail, vous vous sentez déjà un peu moins responsable du résultat collectif, c'est peut-être l'autre qui est responsable. Comme les joueurs de football.

La transparence disparaît

Vous savez ce que vous faites. En principe, vous ne pouvez rien vous cacher à vous-même. Mais regardez une équipe pourtant très proche, par exemple, un couple. La transparence n'est déjà plus totale. Que dire alors d'une équipe de huit personnes qui travaillent dans trois pays différents ? Les zones d'ombre prennent le pas sur les zones de clarté.

Les informations se perdent

Vous savez bien ce que vous savez. Sans hésiter, vous appliquez les mêmes solutions aux mêmes problèmes, si elles vous ont semblé efficaces par le passé. Mais, dans une équipe, il n'y a pas de mémoire commune naturelle où toutes les expériences sont enregistrées. Dans une équipe, on réinvente souvent la roue. On ignore ce que le coéquipier sait parfaitement.

La communication se déforme

Entre votre œil et votre main, il n'y a pas de distorsion. La réalité est la même. En revanche, pour agir ensemble, deux personnes doivent communiquer, passer par le langage, mais le langage naturel est source de distorsions, de malentendus : entre ce que vous pensez et ce que l'autre comprend, 80 % de votre communication sont perdus.

La coordination s'amenuise

Vos deux mains se coordonnent naturellement, de manière parfaite. Ce n'est pas le cas pour deux personnes : délais, gaspillages et conflits sont le lot des équipes.

L'identité devient floue

Vous savez qui vous êtes, mais une équipe est naturellement schizophrène. Elle n'agit pas spontanément comme un seul homme.

Les analyses des erreurs, des accidents, des faillites, des échecs montrent que les causes sont souvent les mêmes :

- un membre d'une équipe ne s'est pas senti responsable ;
- une information a été cachée ;
- une personne ne savait pas ce qu'elle devait savoir ;
- deux personnes se sont mal entendues ;
- des personnes se sont mal coordonnées ;
- des personnes n'étaient pas suffisamment motivées à travailler ensemble.

Les programmes d'organisation d'intelligence collective que nous vous présentons dans ce livre sont basés sur ces découvertes.

Comment ces quatre programmes vont-ils augmenter l'intelligence de votre équipe ?

Les outils présentés dans ce livre sont faits pour responsabiliser les personnes au sein d'une équipe, pour rétablir la transparence, pour créer une mémoire commune et pour corriger les défauts de communication.

Depuis de nombreuses années, il est démontré que les équipes qui utilisent ces programmes sont plus performantes. Pourquoi ?

Parce qu'ils augmentent et précisent les **responsabilités**. Ils donnent des responsabilités claires à chacun : par exemple, par quelques indicateurs de performance précis, acceptés et régulièrement mesurés.

Parce qu'ils rétablissent la **transparence**. Avec eux, il est plus difficile de cacher les mauvaises nouvelles, de déformer la réalité, de ralentir la diffusion de l'information. Avec ces programmes, vous allez savoir ce que vous devez savoir.

Parce qu'ils organisent le **partage du savoir**, parce qu'ils créent un cerveau collectif. Avec eux, vous favorisez la mise en commun du savoir-faire de l'équipe.

Parce qu'ils améliorent la **communication**. Avec eux, vous formalisez la communication et vous prévenez les malentendus.

Parce qu'ils **coordonnent** les responsabilités. Avec eux, les objectifs des membres de l'équipe sont organisés de manière à supporter les objectifs communs. Si chacun atteint les siens, automatiquement l'équipe atteint aussi les siens.

Parce qu'ils créent une **identité d'équipe supra individuelle** avec un nom, une personnalité, des habitudes, un caractère.

Qu'est-ce qu'un programme d'organisation d'équipe ou de projet ?

C'est une technique codifiée, simple et pratique pour réorganiser le travail d'une équipe ou pour réorganiser un projet afin d'en améliorer l'efficacité.

Chacun des programmes comporte trois composantes :

- une méthode, décrite dans la première partie du livre, qui applique plusieurs outils de travail en équipe ;

- un séminaire de deux jours qui vous explique comment faire. Vous trouverez ces formations de travail en équipe dans toutes les bonnes universités et écoles de commerce ;

- un logiciel de support à la méthode. Il en existe plusieurs peu chers et faciles à installer. Ce sont souvent de simples adaptations de logiciels que vous possédez déjà.

Vous trouverez dans ce livre des conseils pratiques pour appliquer les quatre programmes originaux les plus utilisés : la convention d'équipe, le Management Cockpit d'équipe, Intranet Indira et le plan d'équipe.

Organiser une équipe efficace

Voici une bonne recette en dix étapes :

- fixez des objectifs ensemble, précisez qui va faire quoi, avec qui, quand et pourquoi ;
- mettez une fois par semaine tout le monde au même niveau. Donnez une compréhension commune de ce qui se passe, une même image de la situation. Les accidents arrivent quand deux membres d'une même équipe ont des informations différentes sur la même situation ;
- revoyez ensemble les performances après chaque incident, après chaque déviance. Analysez les raisons de l'échec de l'équipe ;
- tenez-vous au courant de ce que font les autres et mettez en place des procédures pour cela ;
- incitez les critiques et les commentaires libres. Mettez en place une organisation qui favorise les critiques constructives et des commentaires en toute liberté sur ce que font les autres. Beaucoup d'échecs sont dus au non-respect de cette étape de la recette ;

- organisez la pro-activité. Chaque membre de l'équipe doit être amené à pouvoir et à devoir aider l'autre ;
- communiquez par messages courts et codifiés, sans ambiguïté ;
- réagissez aux réponses du questionnaire trimestriel de satisfaction et de suggestions des membres de l'équipe ;
- respectez et faites respecter les marques d'identité de l'équipe ;
- organisez les « récompenses » et les « punitions » clairement.

Quand faut-il utiliser ces outils ?

Elles ne sont pas toutes toujours nécessaires. Des groupes fonctionnent très bien sans être des équipes :

- un groupe de spécialistes dont l'objectif commun est uniquement la somme des objectifs individuels ;
- des vendeurs sur des territoires bien séparés.

Ces outils ne sont indispensables que dans le cas où l'un ne peut pas réussir sans l'aide de l'autre.

Qu'est-ce qu'une équipe ? Un groupe de deux à douze personnes interdépendantes, qui interagissent fréquemment, de manière dynamique et adaptative, dans un but commun où chacun a un rôle.

Vous n'êtes pas obligé de travailler en équipe ! Organiser une vraie équipe, cela demande beaucoup de travail et de discipline. Alors réfléchissez bien. Ne vaut-il pas simplement rester un groupe de travail ?

Une équipe, cela se passe entre six et douze personnes. Si vous êtes deux ou trois ou si vous êtes vingt ou trente dans votre groupe, mieux vaut ne pas faire tous les efforts et les exercices de ce livre.

Si vous travaillez entre spécialistes sans avoir besoin de beaucoup d'interactivité, vous ne devez sans doute pas travailler comme les équipes décrites dans ce livre.

Si vos performances ne doivent pas être très élevées, alors restez un simple groupe de travail.

En revanche, si vous êtes entre six et douze, si vous avez besoin de travailler de manière très liée et si l'on attend beaucoup de vous, alors il faut vraiment y aller et utiliser ces outils.

Partie 1

Quatre programmes simples et pratiques pour améliorer votre équipe

Pour chacun des quatre programmes d'amélioration de cette partie :

➤ Convention d'équipe ;

➤ Intranet Indira / Outlook Jane ;

➤ Management Cockpit d'équipe ;

➤ Plan d'équipe.

Vous trouverez :

➤ les bonnes questions à vous poser avant d'utiliser le programme ;

➤ les recommandations pratiques et les témoignages ;

➤ les trucs pour réussir vos exercices d'équipe ;

➤ un modèle pour y arriver plus vite.

La convention d'équipe

Voici le premier programme pour mieux organiser votre équipe, pour la rendre plus efficace. Ce programme est constitué :

- d'un séminaire de deux jours de travail en équipe ;
- d'un document contractuel signé par tous les membres de l'équipe en fin de séminaire.

Cette convention de travail est rédigée ensemble et doit être acceptée par tous. Elle précise l'étiquette, les règles du jeu au sein de l'équipe.

Le matériel du séminaire est simple. Vous le trouverez dans ce livre :

- un questionnaire d'audit du fonctionnement de l'équipe pour se mettre d'accord sur les améliorations prioritaires ;
- des instructions pour vos exercices ;
- un modèle de convention d'équipe que vous pouvez utiliser comme point de départ pour faire votre propre convention.

Les réponses à vos questions les plus fréquentes

Qu'est-ce qu'une convention d'équipe ?

C'est un document de trente pages dont vous avez un modèle en fin de chapitre. C'est un contrat de travail où chacun échange des obligations contre des droits. Ce document contient une vingtaine d'articles qui vont régir les principaux aspects du travail en équipe : réunions, délégations, objectifs, communication, etc.

Pour ne pas réinventer la roue, on utilise un modèle de contrat qui est adapté à la situation de l'équipe au cours d'un séminaire. En effet, si la convention est un document, c'est aussi un séminaire de deux jours.

Pourquoi devez-vous signer une convention pour organiser votre équipe ?

Les personnes ne travaillent pas spontanément bien ensemble. Elles ne travaillent pas naturellement ensemble de manière efficace. Beaucoup de catastrophes sont dues à un mauvais travail d'équipe : Tchernobyl, catastrophes aériennes, faillites industrielles, etc. Il faut donc minimiser le risque de mauvais travail d'équipe dès le début en signant ensemble une convention de travail.

Ce contrat déminera le terrain, toujours truffé de conflits potentiels quand on doit faire quelque chose ensemble. De nombreuses bombes minent le terrain : des objectifs individuels des membres de l'équipe peuvent être en conflit entre eux ; des objectifs personnels peuvent être en conflit avec les objectifs communs. Les membres de l'équipe ne se connaissent pas parfaitement et vont commettre des erreurs d'interprétation dans la communication de l'autre.

Qu'est-ce que fait la convention ?

Elle fait de l'équipe une véritable personne morale, une vraie individualité avec :

- un nom
- une personnalité
- un domicile
- une mémoire
- un langage
- une histoire
- des objectifs
- des habitudes et des règles
- des projets

Grâce à la convention, l'équipe agit « comme un seul homme ».

Que faire avant de signer la convention ?

Focalisez-vous sur ce qui ne va pas ou sur ce qui pourrait ne pas aller dans votre équipe ou dans votre projet. Pour détecter ces points faibles, répondez à un court questionnaire qui vous permettra de sélectionner les articles de la convention à signer en priorité.

Si un point est signalé par la majorité des membres comme n'allant pas, mettez l'article de la convention qui lui correspond à l'ordre du jour du séminaire.

> Un exemple : si le questionnaire révèle que quatre des six membres de l'équipe donnent une cote inférieure à 3 sur 5 pour la qualité actuelle des réunions, incluez dans votre convention des articles qui traitent de l'organisation des réunions.

Un modèle de questionnaire se trouve en fin de chapitre, adaptez-le à vos besoins.

Qui doit signer la convention de travail ?

Il est important de bien définir qui doit faire partie du cœur de l'équipe et qui fait partie des collaborateurs occasionnels de l'équipe, du groupe de travail.

Il n'y a pas de mal à ne pas vouloir respecter toutes les conventions de l'équipe et donc à ne pas vouloir faire partie du cœur de l'équipe, mais simplement du groupe de travail.

Une équipe peut être à deux vitesses : de cinq à sept personnes très solidaires qui signent une convention de travail ; les autres travaillent occasionnellement avec elles et ne respectent que quelques articles de la convention, uniquement pour certaines tâches communes.

Pourquoi faut-il être si formel et vraiment signer un contrat ensemble ?

Pourquoi faut-il mettre notre façon de nous organiser sur papier ? Pourquoi faut-il faire un séminaire de deux jours ensemble ? Pourquoi faut-il signer ? Pourquoi faut-il être si conventionnel ?

La réponse est simple : si c'est écrit et signé, c'est mieux respecté. Si c'est formellement décidé ensemble, c'est mieux appliqué.

Pourquoi signer ce document au cours d'un séminaire de deux jours ?

Tout le monde doit être d'accord pour agir « comme un seul homme ». Ce n'est pas évident. Deux jours ne sont pas de trop pour obtenir un consensus sur les objectifs communs, sur le tableau de bord de l'équipe, sur la façon d'organiser le savoir commun, sur le choix des membres de l'équipe, etc. Ces deux jours sont un excellent investissement. C'est bien plus de deux jours qui seront gagnés par la suite par moins de conflits, moins d'erreurs, moins de temps perdu.

Quelle est la crédibilité du modèle de convention proposé ?

Pour vous aider à décider des règles que vous allez appliquer, le modèle de document de convention que nous vous proposons contient un catalogue des meilleures techniques de travail en équipe. Nous y avons repris les méthodes les plus modernes d'intelligence collective. Ce catalogue de plus de trente outils de travail en équipe n'est pas là pour vous faire appliquer toutes ces techniques. Il est fait pour vous aider à choisir les six à dix outils, parmi ceux proposés, qui vous sembleront les plus adaptés à votre situation.

Nous avons sélectionné ces méthodes en interrogant 884 responsables d'équipe sur leurs techniques favorites pour faire mieux travailler des personnes ensemble.

Pourquoi un contrat est-il nécessaire ?

Par la signature de ce document de convention, vous échangez avec vos coéquipiers des obligations contre des droits.

Vos obligations d'équipier	
Vos obligations de responsabilité	Accepter des responsabilités individuelles mesurables dans le cadre d'un objectif commun
Vos obligations de transparence	Dire tout ce qui pourrait être utile aux autres, expliquer ce que vous faites
Vos obligations d'information	Chercher à savoir plus, rassembler votre savoir et le présenter de manière à ce qu'il soit utile aux autres
Vos obligations de communication	Distribuer les informations sans délai et sans distorsion
Vos obligations de coordination	Respecter des règles, des délais, des projets, des processus
Vos obligations de communautarisation	Respecter l'identité de l'équipe, la mise en commun du savoir

Vos droits d'équipier
Pouvoir faire appel aux autres et obtenir de l'aide
Protéger votre individualité et vos biens propres en cas de problème dans l'équipe ou dans l'affaire
Obtenir une part des bénéfices en cas de succès, une compensation variable en proportion de vos mérites
Assurer votre protection et votre sécurité
Accéder aux ressources communes

Où trouver un modèle de convention ?

Vous pouvez vous inspirer du modèle présenté à la fin de ce chapitre.

Témoignages

« [...] Nous avons signé cette convention pour nous simplifier la vie. C'est vrai que cela nous a pris quelques heures pour nous mettre d'accord. Mais maintenant les règles du jeu sont claires et l'on peut se concentrer sur l'essentiel. »

« [...] Nous avons voulu que ce soit un vrai contrat de travail valable pour une période d'essai de six mois. »

« [...] L'intérêt d'utiliser un modèle de contrat, c'est qu'on n'oublie aucun aspect de la collaboration. »

« [...] L'audit préalable est essentiel. C'est un questionnaire écrit qui révèle vite ce qui ne va pas dans l'équipe. »

Comment réussir votre exercice « convention d'équipe »

1. Assurez-vous que chaque membre de l'équipe possède un modèle de la convention ci-dessous.

2. Lisez chaque article en vous assurant qu'il n'y a pas de problème de compréhension des termes ou de sa signification. Ne demandez aucun commentaire ou opinion à ce stade.

3. Demandez à chacun d'ajouter éventuellement au modèle, des articles, des règles d'organisation du travail qui ne figurent pas dans le modèle et qu'il désirerait voir discuter.

4. Faites passer le questionnaire d'audit (voir page 31) et collectez les réponses. Assurez-vous

que, pour tous les points faibles détectés par le questionnaire, il y ait bien un ou deux articles dans votre convention visant à les améliorer.

5. Mettez tous les articles de la convention au vote. Faites signer tous les articles qui recueillent l'unanimité. Éliminez tous les articles pour lesquels aucun vote n'est favorable.

6. Amendez tous les articles en balance jusqu'à ce qu'ils soient signés ou éliminés.

7. Complétez par vos données réelles (horaires, indicateurs, valeurs, noms d'équipier, chiffres, objectifs) tous les articles signés.

8. Revoyez la convention tous les six mois pour l'améliorer.

Un modèle de convention

Voici un modèle de convention de travail en équipe à remplir et à signer ensemble. Ce document est le document principal de travail du séminaire de convention d'équipe. Les objectifs du séminaire de convention sont de remplir ce questionnaire ensemble comme exercice de construction d'équipe. L'objectif est de signer chacun les articles de la convention d'organisation du travail collectif pour augmenter la cohésion et la coordination d'un groupe de travail. Ce séminaire s'adresse à des équipes nouvellement formées ou à des équipes déjà en place.

Modèle
Convention d'organisation du travail en équipe

Les articles contractuels de la convention

1. Conditions d'appartenance à l'équipe
2. Mission de l'équipe
3. Rôles dans l'équipe
4. Salle d'équipe
5. Tableau des remplacements
6. Tableau des délégations
7. Tableau des compétences dans l'équipe
8. Signature de l'équipe
9. Glossaire de l'équipe
10. Objectifs communs
11. Objectifs individuels d'équipier
12. Objectifs personnels
13. Réunions
14. Messages électroniques
15. Agendas ouverts
16. Tableau d'affichage
17. Contacts communs
18. Tâches d'équipe
19. Intranet Indira (savoir commun)
20. Management Cockpit d'équipe
21. Bible d'équipe
22. Projets d'équipe
23. Plan d'équipe
24. Dossiers communs
25. Procédures de décision

Les conditions d'appartenance à l'équipe

Je soussigné, ..., accepte de respecter toutes les articles décrits dans ce document jusqu'à son échéance du ....

Nom de l'équipier   Signature   Date

....

La mission de l'équipe

Ce bref texte, produit par le leader de l'équipe et approuvé par tous, explique précisément la raison d'existence de l'équipe par la différence qu'elle apporte par rapport à ce qui existe déjà.

Nous acceptons la mission suivante :

■ ....

Les rôles dans l'équipe

Rôles	Personnes qualifiées	Personne en charge
Leader		
Numéro 2		
Secrétaire		

La salle d'équipe

Nous nous engageons à utiliser la salle suivante, physique ou virtuelle, pour toutes nos réunions.

Local ou site Web	
Code d'accès	
Liste de tableaux de bord affichés	

Le tableau des remplacements

En cas d'absence de M. ......, ... prend en charge la responsabilité ....

Le tableau des délégations

Délégateur	Délégué	Autorisation

Le tableau des compétences dans l'équipe

Compétences	Nom de la personne

La signature de l'équipe

Nom d'équipe à utiliser	
Logo d'équipe à utiliser	
Papier à en-tête, physique ou virtuel, à utiliser	

Le glossaire de l'équipe

Catégories des termes	Terme	Définition dans notre équipe
Nom du document		
Sujets de message		
Nom des projets		
Nom des procédures		
Nom des clients		
Nom des ressources		

Les objectifs communs

Nous acceptons comme objectifs communs :

Indicateur	
Formule de calcul	
Valeur à atteindre	
Date cible	

Les objectifs individuels d'équipier

J'accepte la pleine et entière responsabilité des performances suivantes pour lesquelles je reconnais avoir reçu les moyens et autorités nécessaires.

Nom de la personne	Indicateur de performance	Objectif

Les objectifs personnels sans rapport avec les objectifs communs

Nous acceptons les objectifs individuels de nos membres comme suit :

Nom de la personne	Objectifs

Les réunions

Nous acceptons de participer activement aux réunions régulières suivantes :

■ ....

■ ....

■ ....

Nous acceptons la discipline de réunion suivante :

■ ....

■ ....

■ ....

Les messages électroniques

Nous nous engageons à respecter les règles suivantes dans l'échange de messages et de courriers :

■ ....

■ ....

■ ....

■ ....

Les agendas ouverts

Nous nous engageons à remplir nos agendas électroniques précisément pour chaque heure de travail en commun : lieu, dossier, tâches et participants.

Nous acceptons que tous les signataires de ce document puissent accéder à nos agendas.

Le tableau d'affichage

Nous nous engageons à organiser les groupes d'informations suivants en utilisant le gestionnaire de notes :

Sujet	Coordinateur

Les contacts communs

Nous nous engageons à mettre notre carnet d'adresses professionnelles au service de tous en hiérarchisant chaque contact de la façon suivante :

Catégorie	Définition
Client	
Fournisseur	
Partenaire	
Concurrent	
Expert	
Délégué	
Prospect	
Hiérarchie	
Collaborateur	

Nous nous engageons à utiliser Outlook ou un logiciel similaire pour toutes les activités de communication, courriers, téléphones, fax, documents échangés avec ces contacts.

Les tâches d'équipe

Nous nous engageons à coordonner nos tâches en mettant les plus importantes sous forme de liste de tâches dans Outlook, à hiérarchiser chacune en fonction du projet auquel elle appartient et en fonction de son responsable.

Intranet Indira

Nous nous engageons tous à remplir et à maintenir à jour nos sites Intranet Indira individuels.

Le Management Cockpit d'équipe

Nous nous engageons tous à fournir toutes les informations que nous possédons et toutes les valeurs des indicateurs qui nous sont attribués, à temps et précisément.

Nom de la personne	Information à fournir	Date

La bible d'équipe

Nous nous engageons à respecter les procédures suivantes, dans les situations fréquentes suivantes :

Situation	Procédure à appliquer

Les projets d'équipe

Nous nous engageons à collaborer aux projets communs suivants :

Nom du projet	
Nom de la personne	
Responsabilité acceptée	

Le plan d'équipe

Nous approuvons et nous nous engageons à respecter le plan d'affaires de l'équipe décrit en annexe.

Les dossiers communs

Les dossiers suivants sont « communautarisés » :

Nom dossier	
Coordinateur dossier	
Accès 24 h /24 h et 7 j/7 via	

Les procédures de décision

Nous nous engageons à respecter les procédures de décision :

Type de décision	
Procédure	

Un modèle de questionnaire de convention

Il ne faut sûrement pas tout changer dans votre équipe. Certaines choses fonctionnent certainement très bien. Analysez d'abord ce qui ne va pas. Comment le savoir ? Par un questionnaire anonyme rempli par tous ceux qui travaillent avec vous. Le questionnaire utilisé ici prend moins de 20 minutes à remplir.

Au début, ou juste avant votre séminaire convention d'équipe, faites remplir ce questionnaire par chaque membre de l'équipe.

Mettez au programme du séminaire et de la convention uniquement les articles pour lesquels un nombre significatif de collaborateurs trouvent que cela ne va pas, qu'il faut améliorer les choses. Voici les questions.

Comment jugez-vous les conditions d'appartenance à votre équipe : Des personnes de trop ? Des personnes manquantes ? Des personnes ne collaborant pas ?

○ Une réorganisation profonde est nécessaire.

○ Des améliorations sont nécessaires.

○ Aucun changement n'est nécessaire.

Comment jugez-vous la mission de votre équipe ?

○ Une réorganisation profonde est nécessaire.

○ Des améliorations sont nécessaires.

○ Aucun changement n'est nécessaire.

Comment jugez-vous l'organisation des rôles d'équipe ?

- ○ Une réorganisation profonde est nécessaire.
- ○ Des améliorations sont nécessaires.
- ○ Aucun changement n'est nécessaire.

Comment jugez-vous le leadership dans votre équipe ?

- ○ Une réorganisation profonde est nécessaire.
- ○ Des améliorations sont nécessaires.
- ○ Aucun changement n'est nécessaire.

Comment jugez-vous la qualité de la salle de réunion de votre équipe (qualité, informations affichées, équipements de travail en commun) ?

- ○ Une réorganisation profonde est nécessaire.
- ○ Des améliorations sont nécessaires.
- ○ Aucun changement n'est nécessaire.

Comment jugez-vous l'organisation des remplacements dans votre équipe ?

- ○ Une réorganisation profonde est nécessaire.
- ○ Des améliorations sont nécessaires.
- ○ Aucun changement n'est nécessaire.

Comment jugez-vous la délégation dans votre équipe ?

- ○ Une réorganisation profonde est nécessaire.
- ○ Des améliorations sont nécessaires.
- ○ Aucun changement n'est nécessaire.

Comment jugez-vous la gestion des compétences et des capacités dans votre équipe ?

- ○ Une réorganisation profonde est nécessaire.
- ○ Des améliorations sont nécessaires.
- ○ Aucun changement n'est nécessaire.

Comment jugez-vous le marketing et la vente interne de résultats de votre équipe ?

- ○ Une réorganisation profonde est nécessaire.
- ○ Des améliorations sont nécessaires.
- ○ Aucun changement n'est nécessaire.

Comment jugez-vous le langage commun de votre équipe ?

- ○ Une réorganisation profonde est nécessaire.
- ○ Des améliorations sont nécessaires.
- ○ Aucun changement n'est nécessaire.

Comment jugez-vous les objectifs communs de l'équipe ?

- ○ Une réorganisation profonde est nécessaire.
- ○ Des améliorations sont nécessaires.
- ○ Aucun changement n'est nécessaire.

Comment jugez-vous les objectifs personnels des membres de l'équipe ?

- ○ Une réorganisation profonde est nécessaire.
- ○ Des améliorations sont nécessaires.
- ○ Aucun changement n'est nécessaire.

Comment jugez-vous la durée actuelle de vos réunions d'équipe ?

○ Une réorganisation profonde est nécessaire.

○ Des améliorations sont nécessaires.

○ Aucun changement n'est nécessaire.

Comment jugez-vous le lieu et l'environnement actuel de vos réunions d'équipe ?

○ Une réorganisation profonde est nécessaire.

○ Des améliorations sont nécessaires.

○ Aucun changement n'est nécessaire.

Comment jugez-vous l'efficacité actuelle de vos réunions d'équipe ?

○ Une réorganisation profonde est nécessaire.

○ Des améliorations sont nécessaires.

○ Aucun changement n'est nécessaire.

Comment jugez-vous le suivi actuel de vos réunions d'équipe ?

○ Une réorganisation profonde est nécessaire.

○ Des améliorations sont nécessaires.

○ Aucun changement n'est nécessaire.

Comment jugez-vous la préparation actuelle de vos réunions d'équipe ?

○ Une réorganisation profonde est nécessaire.

○ Des améliorations sont nécessaires.

○ Aucun changement n'est nécessaire.

Comment jugez-vous l'organisation des échanges de courriers et de messages (électronique ou papier) dans votre équipe (nombre, qualité) ?

- ○ Une réorganisation profonde est nécessaire.
- ○ Des améliorations sont nécessaires.
- ○ Aucun changement n'est nécessaire.

Comment jugez-vous l'agenda partagé de votre équipe ?

- ○ Une réorganisation profonde est nécessaire.
- ○ Des améliorations sont nécessaires.
- ○ Aucun changement n'est nécessaire.

Comment jugez-vous les affichages d'information organisés dans votre équipe ?

- ○ Une réorganisation profonde est nécessaire.
- ○ Des améliorations sont nécessaires.
- ○ Aucun changement n'est nécessaire.

Comment jugez-vous la gestion des relations et des contacts communs dans votre équipe ?

- ○ Une réorganisation profonde est nécessaire.
- ○ Des améliorations sont nécessaires.
- ○ Aucun changement n'est nécessaire.

Comment jugez-vous l'organisation des tâches dans votre équipe ?

- ○ Une réorganisation profonde est nécessaire.
- ○ Des améliorations sont nécessaires.
- ○ Aucun changement n'est nécessaire.

Comment jugez-vous la diffusion de l'information dans votre équipe ?

- ○ Une réorganisation profonde est nécessaire.
- ○ Des améliorations sont nécessaires.
- ○ Aucun changement n'est nécessaire.

Comment jugez-vous le site Web de votre équipe ?

- ○ Une réorganisation profonde est nécessaire.
- ○ Des améliorations sont nécessaires.
- ○ Aucun changement n'est nécessaire.

Comment jugez-vous les sites Web personnels utilisés pour le partage du savoir par les membres de l'équipe ?

- ○ Une réorganisation profonde est nécessaire.
- ○ Des améliorations sont nécessaires.
- ○ Aucun changement n'est nécessaire.

Comment jugez-vous les tableaux de bord et les indicateurs de performance utilisés dans votre équipe ?

- ○ Une réorganisation profonde est nécessaire.
- ○ Des améliorations sont nécessaires.
- ○ Aucun changement n'est nécessaire.

Comment jugez-vous la qualité de l'information reçue par votre équipe ?

- ○ Une réorganisation profonde est nécessaire.
- ○ Des améliorations sont nécessaires.
- ○ Aucun changement n'est nécessaire.

Comment jugez-vous l'organisation des procédures communes dans votre équipe ?

- ○ Une réorganisation profonde est nécessaire.
- ○ Des améliorations sont nécessaires.
- ○ Aucun changement n'est nécessaire.

Comment jugez-vous la gestion et le suivi des projets communs dans votre équipe ?

- ○ Une réorganisation profonde est nécessaire.
- ○ Des améliorations sont nécessaires.
- ○ Aucun changement n'est nécessaire.

Comment jugez-vous le plan d'affaires principal de votre équipe ?

- ○ Une réorganisation profonde est nécessaire.
- ○ Des améliorations sont nécessaires.
- ○ Aucun changement n'est nécessaire.

Comment jugez-vous la gestion des documents dans votre équipe ?

- ○ Une réorganisation profonde est nécessaire.
- ○ Des améliorations sont nécessaires.
- ○ Aucun changement n'est nécessaire.

Comment jugez-vous l'organisation des dossiers communs et partagés dans votre équipe ?

- ○ Une réorganisation profonde est nécessaire.
- ○ Des améliorations sont nécessaires.
- ○ Aucun changement n'est nécessaire.

Comment jugez-vous l'organisation de la prise de décision dans votre équipe ?

- ⃝ Une réorganisation profonde est nécessaire.
- ⃝ Des améliorations sont nécessaires.
- ⃝ Aucun changement n'est nécessaire.

Testez-vous en tant qu'équipier

Pour générer des articles de convention que vous pourriez ajouter au modèle de base et éventuellement adopter, une bonne méthode est de demander à chaque équipier de remplir le questionnaire suivant.

Le but de cet exercice est de détecter de bonnes pratiques personnelles qui pourraient éventuellement être adoptées par l'ensemble de l'équipe.

Voici les questions auxquelles chaque membre de l'équipe doit apporter individuellement une réponse.

En tant que participant à une réunion, quels sont les trois principes que vous vous imposez toujours ?

_____

En tant que rédacteur de messages et de courriers aux autres membres d'une même équipe, respectez-vous les règles de rédaction ?

_____

Comment informez-vous les autres de ce que vous faites ?

_____

Comment êtes-vous informé de ce que les autres font ?

Comment aimeriez-vous être informé des performances de l'équipe ?

Comment avez-vous organisé votre mémoire, vos informations professionnelles sur papier ou sur ordinateur ? Comment les partagez-vous avec les collaborateurs à qui elles pourraient être utiles ?

Quels sont les vingt termes professionnels que vous utilisez le plus fréquemment dans vos communications et quelle signification précise donnez-vous à chacun d'eux ?

Décrivez votre rôle en tant qu'équipier ?

Comment avez-vous personnellement formalisé votre délégation afin d'éviter les négociations constantes et les conflits ?

Comment calculez-vous personnellement vos indicateurs de performance par rapport à ceux des autres ?

Comment organisez-vous personnellement vos tâches ? Comment utilisez-vous un gestionnaire de tâches ?

Quelle méthode utilisez-vous pour classer vos documents et pour les retrouver rapidement ?

Intranet Indira et Outlook Jane

Intranet Indira® est une marque déposée et un produit de la société N.E.T.
Outlook est une marque de la société Microsoft

Le deuxième programme de coordination d'équipe comporte deux volets : Outlook Jane et Intranet Indira. Ils ont en commun de coordonner les informations de l'équipe grâce à des programmes simples, faciles à utiliser. Auxquels la plupart d'entre nous ont accès.

Ces deux programmes tirent parti de produits de base : l'Intranet pour Intranet Indira et les logiciels de messagerie et de contacts pour Outlook Jane.

Une équipe moderne doit mieux utiliser l'informatique de base qui est à sa disposition pour l'aider dans son travail d'équipe. Il y a de moins en moins d'équipes performantes sans aide informatique.

Le programme Outlook Jane

Outlook Jane est un outil de travail en équipe qui est basé sur le logiciel Outlook de Microsoft, mais qui marche tout aussi bien avec Lotus Notes d'IBM et d'autres logiciels du même type que vous utilisez déjà.

C'est un programme éducatif qui permet à une équipe de se servir d'Outlook comme une aide au travail en commun. L'exercice dure en général une journée et se pratique en équipe.

Le programme consiste à utiliser un logiciel, de gestion d'informations au départ à usage individuel, comme un outil de travail d'équipe, en le mettant en réseau.

Le principe est simple. Vous mettez toutes vos informations et toutes vos activités dans Outlook. Vous les classez dans des catégories choisies en consensus avec votre équipe. Vous les rendez accessibles aux autres, partageables, utiles aux autres.

En équipe, vous paramétrez le logiciel pour qu'il exécute des tâches à votre place, pour qu'il trouve les informations dont vous avez besoin sur les ordinateurs des autres équipiers.

Les réponses à vos questions les plus fréquentes

Comment utiliser ensemble votre gestionnaire de messages ?

Voici un exemple. Ajoutez un menu déroulant dans la rubrique « Sujet » des messages. Il propose les noms de tous les sujets et dossiers en commun. Demandez à vos coéquipiers quand ils envoient des messages de toujours choisir le sujet dans ce menu.

Quels sont les avantages ? Vos coéquipiers sont plus rigoureux dans le choix des sujets et Outlook peut classer automatiquement le message dans le dossier du sujet sans plus encombrer votre boîte de réception. Quand vous désirez travailler sur un dossier, tous les messages qui le concernent s'y trouvent déjà.

Comment utiliser ensemble votre gestionnaire de tâches ?

Voici un exemple. Classez chacune de vos tâches au nom d'un projet d'équipe. Demandez à vos coéquipiers de faire de même pour les projets communs.

Quels sont les avantages ? En sélectionnant la catégorie d'un projet, toutes les tâches qui le composent apparaissent avec leur fiche, leur responsable et leur état d'avancement. Cela marche fort bien pour de petits projets communs à l'équipe.

Comment utiliser ensemble votre gestionnaire de contact ?

Voici un exemple. Classez tous vos contacts en catégories connues de tous : client, fournisseur, expert, etc.

Quels sont les avantages ? En sélectionnant une catégorie, tous les contacts de tous les membres de l'équipe apparaissent avec leur fiche, les activités avec ce contact, etc.

Comment utiliser ensemble votre gestionnaire d'agendas ?

Catégorisez chaque plage horaire de votre agenda dans une activité d'équipe.

Quel est l'avantage ? En catégorisant une plage horaire, vous permettez à vos coéquipiers de mieux collaborer avec vous.

Comment utiliser ensemble votre gestionnaire de notes ?

Créez et entretenez un tableau d'affichage virtuel pour informer tous les membres de l'équipe.

Quels sont les avantages ? Les notes de différentes couleurs sont pré-titrées au nom des catégories de nouvelles qui intéressent tout particulièrement l'équipe à un moment donné.

Vous trouverez plus de détails dans la partie 2 (« L'agenda d'équipe », « Les contacts d'équipe », « Les rôles d'équipe », « Les projets communs », « Les informations d'équipe » « Le tableau d'affichage », « Les courriers électroniques »).

Témoignages

« [...] J'utilise mon logiciel gestionnaire de mes informations personnelles comme outil de cohésion avec mon équipe, après avoir pris soin de séparer mes informations privées en le catégorisant comme tel. »

« [...] Nous utilisons très mal Outlook et Lotus Notes. Nous avons donc pris, en équipe, une formation d'une demi-journée pour apprendre comment en faire un outil de coordination. »

« [...] Nous avons demandé à notre service informatique de nous aider à paramétrer Outlook et Lotus Notes pour qu'ils fassent automatiquement des choses à notre place, comme transférer du courrier à une personne qui est plus apte que nous à y répondre, classer du courrier automatiquement dans un dossier pour qu'il n'encombre pas la boîte de réception. »

Comment réussir vos exercices « Outlook Jane »

La délégation

Demandez à chaque membre de l'équipe de noter individuellement les noms de leurs délégués, les personnes sur lesquelles ils ont autorité de leur demander de faire quelque chose, et les autorisations qu'ils ont données à chaque délégué.

Vérifiez qu'il n'y a pas d'ambiguïté ni de conflit entre les réponses des membres de l'équipe : une personne qui croit pouvoir déléguer à une autre qui n'est pas d'accord, …

Le projet d'équipe

Choisissez un projet simple qui demande, pour réussir, la participation de tous les membres de l'équipe.

Demandez à un membre de l'équipe de décomposer ce projet en une liste de tâches précises.

Pour chaque tâche, allouer un horaire et un responsable.

Mettez le tout dans le gestionnaire de tâches d'Outlook du responsable du projet. Utiliser Outlook pour qu'il délègue les tâches et les horaires aux membres de l'équipe appropriés. N'hésitez pas à lui demander aussi de faire le suivi.

Le carnet d'adresses d'équipe

Demandez aux membres de l'équipe de vérifier que tous leurs contacts professionnels sont bien répertoriés, avec des fiches complètes, dans leur carnet d'adresses Outlook.

Demandez-leur de classer ces contacts en six catégories : client interne, fournisseur interne, compétiteur, partenaire, expert, délégué. Un nom peut appartenir à la fois à deux catégories.

Faites l'exercice de trouver, sur le réseau Outlook, tous les contacts que votre équipe a eus ces trois dernier mois avec une personne cible. Vérifiez avec l'équipe que toute chose importante échangée avec cette personne figure bien sur les rapports d'activité Outlook avec cette personne.

Intranet Indira©

Voici un autre programme pour réorganiser votre équipe et la rendre plus efficace. Comme les autres, il prend environ trois mois à réaliser. Il combine différents outils de coordination d'équipe que nous verrons plus en profondeur dans la deuxième partie du livre.

Intranet Indira, c'est la gestion du savoir à moindre coût, la gestion du savoir pour petits groupes de travail.

La plupart des grands systèmes de gestion de savoir, de base de documents, de base de procédures ont échoué. Centralisés et construits comme des « usines à gaz », ils coûtent plus qu'ils ne rapportent.

C'est de là qu'est née l'idée du programme Intranet Indira : réduire les coûts et le temps d'installation en laissant le savoir là où il est, chez les coéquipiers ; le structurer sur place et aller le chercher à la demande, toujours à jour.

Avec Intranet Indira, chaque membre de l'équipe reçoit un site Web individuel pré-formaté pour récolter son savoir. C'est un questionnaire à remplir. Ce questionnaire capture et organise le savoir de la personne qui y répond. Elle le rend utilisable par d'autres, qui peuvent le parcourir à l'aide d'un simple moteur de recherche.

Chacun peut donc poser sa question et trouver rapidement une réponse parmi les sites de ses coéquipiers : plus besoin de serveur central, de personnel informatique nombreux, de bases de documents. C'est un programme Internet décentralisé, mais plus structuré qu'Internet, plus formalisé, car il est interne à l'équipe, à l'entreprise.

Les réponses aux questions les plus fréquentes

Comment motiver les gens à répondre à ce questionnaire, à remplir leur site Intranet individuel et surtout à le mettre à jour régulièrement ?

Toutes les expériences menées depuis dix ans montrent que cela se passe très bien. Comme le groupe qui partage son savoir n'est jamais démesuré, la pression du groupe sur la personne qui ferait un site pauvre ou qui l'entretiendrait mal est telle qu'elle se doit d'améliorer son site, pour ne pas être virtuellement exclue du groupe.

La plupart des coéquipiers sont tellement motivés à transmettre leur savoir, qu'ils comptent le nombre et la qualité des visiteurs sur leur site ! Ils cherchent à améliorer le nombre de visiteurs en rendant leur site encore plus informatif, plus utile, plus indispensable aux autres.

Quelles sont les questions essentielles auxquelles vous devrez répondre pour remplir votre site Intranet Indira ?

Intranet Indira déprogramme une personne de son savoir, le structure, collecte les savoirs individuels.

L'équipier doit répondre, entre autres, aux questions suivantes :

- quelles sont vos réponses aux vingt questions que l'on vous pose le plus souvent ?

- quelles sont vos instructions pour résoudre les vingt problèmes que vous devez résoudre le plus souvent ?

- quels sont les vingt documents que vous utilisez le plus souvent, avec vos commentaires et leur localisation ?

- quels sont les indicateurs de performance que vous connaissez et leurs dernières valeurs ?

- quelles sont vos compétences ? Utilisez la liste des quarante-huit compétences en annexe pour vous coter vous-même.

- à quels projets participez-vous ? Quels sont leurs statuts les plus récents ?

- présentez votre description de poste, vos objectifs individuels, les indicateurs dont vous vous estimez personnellement responsable.

- qui sont vos délégués dans le groupe de travail et quelles autorisations ont-ils reçues de vous ?

- quels sont les groupes de nouvelles auxquels vous appartenez ?

Quelles sont les questions que les membres d'un groupe de travail posent le plus souvent à leur Intranet Indira ?

- qui a la réponse à la question suivante ?

- où en est le projet suivant ?

- que savons-nous de plus récent sur le client/compétiteur/processus suivant ?

- dans quel document puis-je trouver l'information suivante ? Comment obtenir ce document ?

- qui possède la compétence suivante ?

- comment résoudre le problème suivant ?

- quel document contient les mots clés suivants ?

- quelle est la valeur la plus récente de l'indicateur suivant ?

- etc.

Et ils obtiennent les réponses !

Comment mettre Intranet Indira en place ?

Il faut suivre quatre étapes simples :

- suivre un bref séminaire Intranet Indira dans une école de commerce ;
- installer un Intranet dans votre groupe de travail ;
- acheter un bon moteur de recherche ;
- donner à chaque membre du groupe un site Web individuel – avec toutes les questions qui vont permettre de collecter son savoir.

Témoignages

« [...] Dans notre métier, il faut faire vite et pas cher. Nous n'avons évidemment pas de budget pour gérer notre savoir ! Nous nous y sommes tous mis et nous avons mis tous ce que nous savons et qui pourrait être utile aux autres sur nos propres sites Web. Tous de la même façon et ça marche ! Le moteur de recherche trouve tout ce qu'on lui demande. »

« [...] Structurer son savoir et son savoir-faire n'est pas si difficile. Il y a des modèles, ils sont faits pour être utilisés. »

« [...] Cela m'a pris trois heures pour remplir le site avec ce que je sais. Je le mets à jour tous les mois en une heure. J'ai intérêt. C'est très mal vu dans l'équipe d'avoir un site que personne ne consulte ! »

« [...] Pour trouver ce que les gens demandent sur les sites individuels, nous avons acheté un moteur de recherche à 100 euros. Mais je sais qu'une autre équipe préfère se servir d'un annuaire. »

Comment réussir vos exercices « Intranet Indira »

Voici deux exemples d'exercices simples que vous pouvez faire avec votre équipe.

La bible d'équipe

Demandez à chaque membre de l'équipe de lister les dix problèmes, questions ou situations qu'il doit résoudre le plus fréquemment, les dix questions auxquelles il doit répondre le plus souvent.

Demandez-lui aussi de noter en une page, sous forme d'une check-list de choses précises à faire, la réponse, la solution classique qu'il donne dans ces situations répétitives et prévisibles.

Obtenez un consensus sur les vingt situations les plus fréquentes et la réponse commune de l'équipe pour y faire face.

Le site Web individuel

Assurez-vous que tous les membres de l'équipe possèdent bien un modèle de site Web individuel sur papier. Pour cela, utilisez le modèle proposé ci-après.

Expliquez la signification de chaque question.

Demandez trois volontaires pour remplir le questionnaire/site.

Avec leurs expériences, adaptez le questionnaire à vos besoins.

Faites remplir le questionnaire/site par tous les membres de l'équipe. Récompensez les membres qui fournissent le site individuel le plus utile aux autres.

Un modèle « Intranet Indira » de gestion du savoir d'équipe

Voici un exemple de site individuel Intranet Indira et un exemple du type d'information que l'on peut en obtenir.

Ma page d'entrée

Bienvenue sur mon site Intranet Indira au service de mon équipe et de mon groupe de travail !

Voulez-vous mieux me connaître comme professionnel et savoir ce que je peux faire pour vous ?

- ○ Mes compétences.
- ○ Les questions auxquelles je peux répondre.
- ○ Les problèmes que je peux résoudre.
- ○ Les informations dont je dispose.

Voulez-vous m'aider et me dire ce que vous pouvez faire pour moi ?

- ○ Pour mes objectifs.
- ○ Pour mes projets.

○ Pour les questions pour lesquelles je recherche une réponse.

○ Pour les problèmes pour lesquels je recherche une solution.

Quel professionnel suis-je ?

○ Ma description de poste.

○ Mes objectifs, leurs cibles et leurs valeurs ce trimestre.

○ Mes projets et leur statut ce trimestre.

○ Mes indicateurs de performance.

○ Mon *Curriculum Vitae*.

○ Ma mission.

Mes compétences

Catégorie	Mon niveau
Par logiciel	
Par langue	
Par technique	
Par outil	
Par enseignement	
Par objectif	
Par client	
Par marché	
Par produit	
Par compétence de gestion	
Par processus	
Par projet	

Ma bibliothèque professionnelle

Les vingt documents que je connais bien et que j'estime pouvoir être les plus utiles aux autres :

Nom du document	
Mes commentaires	
Comment obtenir ce document	

Mon expérience

Les vingt cas d'affaires qui pourraient vous être utiles :

Description de la situation de départ par ses indicateurs	Description de la solution appliquée dans le passé avec succès par ses actions effectuées

La liste des questions récurrentes que l'on me pose et ma réponse

Où sont les toilettes ?	
Comment vas-tu ?	
Quoi de neuf ?	
Quand va-t-on recevoir le rapport ?	

Ma banque d'indicateurs

Nom	Valeur	Date
Vente du produit A	190 000	17 04 2004
Nombre de vendeurs disponibles	8	17 04 2004

Mes groupes de nouvelles

Sujet	Nouvelles
Notre concurrent Ingen	Baisse de 2 % de prix
Nouvelles régulations américaines	Taux maximal de carbone à 5 %
Nouvelles techniques IC	Version Web disponible

Mes contacts professionnels classés par catégorie

Voir Outlook Jane.

Mon agenda

Voir Outlook Jane.

Mes projets

Nom	Statut
Bureau Canada	

Mes procédures de résolution de problème

Problème	Solution
Plainte de délai d'un client européen	

Mes documents partagés

Nom
Audit financier

Les choses que je peux faire pour vous

Dans le cadre de mes responsabilités et de mes objectifs	Vous donner un rapport financier mensuel
Contre rémunération interne, dans le cadre de vos objectifs	Vous donner un rapport financier immédiat
Etc.	

Les choses que vous pouvez faire pour moi

Pouvez-vous répondre aux questions suivantes ?	Quel est le dernier contrat signé avec le client Ectica ? Quelles conditions lui a-t-on accordé ?
Qui peut effectuer la tâche suivante, dans le cadre de ses responsabilités ou contre rémunération interne ?	Charger le nouveau logiciel M4
Qui a déjà rencontré et résolu la situation caractérisée par les trois indicateurs concomitants ?	Diminution des quotas de vente de 5 % du produit B Augmentation du prix du matériel C Rotation des vendeurs de 20 %
Qui connaît la dernière valeur de l'indicateur ?	Satisfaction client de la région T

Le site Web d'équipe

Ce site est informé par les douze sites Web individuels de membres de l'équipe.

Page d'acceuil

Groupe de travail « Intranet Indira » : Ventes Europe.

Mot de passe « *Intranet Indira Password* » : Clovis.

Login « *Intranet Indira Login* » : 9 512.

Que voulez-vous faire ?

Obtenir une information avec les mots clés suivants – .... – ou en posant la question suivante : ....

Donner une information avec les mots clés suivants – .... – ou en répondant à la question suivante : ....

Vos points d'équipe ce trimestre : 98.

Le nombre de visiteurs professionnels sur votre site individuel ce trimestre : 196.

Parcourir l'annuaire du savoir de l'équipe

Par contact : personne ou organisation.

Par projet.

Par question fréquente.

Par groupe de nouvelle.

Par cas d'affaire.

Par compétence.

Par indicateur.

Par mot sur courrier ou rapport de réunion.

Par document.

Recherche d'activité avec un contact

Intranet Indira va parcourir toutes les listes de contacts individuels des membres de l'équipe à la recherche du nom « John Star » et/ou de la catégorie de contact « Client ».

Résultats

Les membres de l'équipe ayant eu le plus d'activité avec John Star sont :

– André Bartol pour le courrier ;

– Jane Andrew pour les réunions ;

– Matt Winer pour le contrat signé.

Actions

Cliquez pour accéder au dossier John Star.

Cliquez pour lire les derniers courriers avec John Star.

Recherche de statut de projet

Intranet Indira va parcourir les listes de tâches individuelles des membres de l'équipe à la recherche des projets.

Liste des projets suivis :

Nom	Prochain résultat attendu	Directeur
Bureau Canada	Nouveau bureau fonctionnel	JK
Client B3	Premières ventes	FC
Venise	Fermeture usine C	GH

Actions

Cliquez pour obtenir le diagramme de Gantt du projet.

Cliquez pour envoyer une demande de statut de projet au directeur du projet.

Questions récurrentes

Intranet Indira va parcourir les listes des questions récurrentes de tous les membres du groupe de travail.

Ma question porte sur la combinaison de mots clés : Nesté + prix + promotion.

Résultats

Marc Miston, liste FAQ :

- qu'avons-nous accordé à Nesté comme promotion en 2004 ?

Jean Otlcar, liste FAQ ;

- quelle est notre politique de promotion de prix avec les grands clients ?

Action

Cliquez pour obtenir la réponse des spécialistes du domaine.

Recherche de nouvelles

Je cherche des nouvelles comportant les mots clés : « Compétiteur Unimer + produit Vinkers ».

Résultat

Du groupe de nouvelles de Jay Clay : Unimer teste une campagne de presse en Suisse pour le produit Vinkers.

Actions

Cliquez pour avoir le texte complet.

Cliquez pour vous abonner à ce groupe de nouvelle.

Recherche de cas dans la mémoire de l'équipe

Je cherche les situations précédentes présentant simultanément les paramètres suivants :

Indicateurs	Valeurs	Résultats
Satisfaction client A	Diminution de plus de 10 points	Le cas qui se rapproche le plus
Retard de livraison	Plus de trois jours	
Production ligne R	En maintenance	

Indicateurs	Valeurs	Actions
Satisfaction client B	Diminution de 8 points	Cliquez pour le cas suivant
Retard de livraison	Plus de deux jours appliquée	Cliquez pour obtenir la solution
Production ligne R	Réparation	

Recherche de compétence

Je recherche les personnes compétentes en « Allemand » et « Législation ».

Résultats			Actions
Mike Grunfeld	Allemand***	Législation**	Cliquez pour envoyer votre demande de tâche
Janet Minder	Allemand**	Législation***	

Recherche d'indicateurs

Je cherche la valeur actuelle de l'indicateur : « Revenu des ventes en Europe du produit A au segment de client C ».

Résultat	Actions
Al Conway a affiché cet indicateur à 157 000 euros le 01 02 03	Cliquez pour obtenir les commentaires
	Cliquez pour obtenir les tendances de cet indicateur
	Cliquez pour obtenir les indicateurs liés
	Cliquez pour vous abonner à cet indicateur

Recherche de courrier et de rapport de réunion

Je cherche des messages comportant les sujets : « Offre à Firmenac ».

Résultats	Action
Le sujet est en-tête des messages/rapport de réunion suivants : « Courrier du 19 01 03 ; Participants : Hank Lund et Theresa Swan »	Cliquez pour avoir le texte du message

Recherche de document

Je cherche les documents avec les mots suivants dans le titre ou le sous-titre : « Machine Hindenberg Maintenance ».

Résultat	Action
Ce document est accessible : – dans le bureau de « Linda Haim » – avec les commentaires suivants « Dernière édition, disponible aussi sur le site Web du constructeur ».	Cliquez pour vous ouvrir le site Web Cliquez pour demander le document en prêt

Liste des questions sans réponse de l'équipe

Indicateur sans valeur	Garanties payées aux clients américains
Question sans réponse	Faut-il engager trois vendeurs au Minnesota ?
Cas sans équivalent passé	Dollar baissant de 10 points et surcapacité de 35 %
Sujet sans nouvelle	Compétiteur G
Compétences sans professionnel disponible	Chinois et législation
Objectifs sans responsable	Suivi de satisfaction des clients
Document sans localisation	Contrat de maintenance de la ligne C
Contact sans activité connue	Paul Allen

Répondre à ces demandes aidera l'équipe et vous vaudra des rémunérations internes !

Le Management
Cockpit d'équipe

C'est le troisième programme d'organisation d'équipe que nous vous proposons. Comme les trois autres, il prend environ trois mois pour être mené à bien.

Comme les autres programmes, il combine de nombreux outils de travail en équipe, que vous verrez plus en détail dans la deuxième partie du livre : salle d'équipe, tableaux de bord, indicateurs de performance, processus, bible, etc.

Ce programme organise la responsabilisation et la transparence dans le groupe de travail. Mettre en place un Management Cockpit, c'est construire une équipe.

Les réponses à vos questions
les plus fréquentes

Qu'est-ce qu'un Management Cockpit d'équipe ?

C'est une méthode qui favorise la coordination et l'efficacité d'un groupe de travail, d'une équipe ou d'un projet, par la mesure de performance et par l'application de règles de base de la bonne gestion.

Ce programme rend l'équipe efficace parce qu'il responsabilise clairement tout le monde et parce qu'il rend l'équipe, ou le projet, transparent pour ceux qui y participent.

Le Management Cockpit, ce sont des tableaux de bord qui vont à l'essentiel et qui sont affichés dans la salle de réunion de l'équipe. Ils intègrent la gestion par exception, la gestion par objectif et la gestion par comparaison (« benchmarking »).

Quels sont les grands mécanismes du Management Cockpit d'équipe ?

Ils sont quatre comme les mousquetaires :

- organiser la responsabilité et la transparence ;
- générer le profit à partir des comportements ;
- on ne peut pas améliorer ce qui n'est pas mesuré ;
- ce qui est affiché, visible, grand et permanent est motivant.

Pourquoi cela marche-t-il si bien ?

L'équipe et chacun de ses membres ont des objectifs mesurables. Les objectifs de chacun sont coordonnés pour assurer l'atteinte des objectifs communs. Ces objectifs et leurs indicateurs de performance sont organisés comme des tableaux de bord visuels, affichés en permanence dans la salle d'équipe.

Toute l'équipe a participé au choix des tableaux de bord et des indicateurs.

Physiquement, comment cela se présente-t-il ?

Dans certains projets ou dans certaines équipes, c'est une véritable salle de guerre. Dans d'autres, le Management Cockpit est virtuel et accessible sur le site Web de l'équipe.

De quoi avons-nous besoin pour en réaliser un ?

Suivre un séminaire spécialisé, que vous trouverez dans une école de commerce. Il vous donnera une bonne méthode pour réaliser des tableaux de bord.

Acheter aussi un logiciel spécialisé en tableaux de bord. Mais vous pouvez aussi vous exercer sur un simple tableur. Cela suffit largement pour piloter un projet ou une équipe.

Quels sont les outils à appliquer pour réaliser notre Management Cockpit ?

Vous trouverez les détails des outils nécessaires dans la partie 2 de ce livre :

- la salle de réunion, pour y afficher vos tableaux de bord ;
- les informations d'équipe, pour choisir les titres de vos douze tableaux de bord ;
- les objectifs communs, pour choisir vos six objectifs d'équipe ;
- les indicateurs de performance, pour traduire les objectifs en actions ;
- les réunions, pour faire des *Cockpits Briefing* efficaces ;

■ les rôles d'équipe, pour entretenir et faire fonctionner votre Management Cockpit.

Comment vérifier la qualité de votre Management Cockpit d'équipe ?

Posez-vous les questions suivantes :

■ est-ce que tous les membres de l'équipe ont accepté au moins trois indicateurs purs, c'est-à-dire des indicateurs dont ils ont accepté la pleine responsabilité, sans excuses ?

■ est-ce que les six objectifs communs ont chacun quelques sous-objectifs répartis équitablement entre tous les membres de l'équipe ?

■ est-ce que tous les objectifs sont sous-tendus par quelques indicateurs de performance et de suivi de projet qui garantissent leur réalisation ?

■ est-ce que tous les objectifs et indicateurs ont leurs valeurs rafraîchies automatiquement au moins tous les trois mois ?

■ est-ce que les graphiques représentant les performances de l'équipe sont affichés à toutes les réunions ?

■ est-ce que votre Management Cockpit répond aux questions les plus fréquentes que votre équipe devrait se poser au sujet de ses affaires ?

■ est-ce que, pour chaque activité critique de votre équipe, vous mesurez au moins quelques indicateurs de performance ?

- votre Management Cockpit vous donne-t-il des signes avant-coureurs des problèmes, des alertes précoces avant que les objectifs ou les indicateurs financiers ne dévient ?

- votre sélection d'indicateurs est-elle complète, avec chaîne de causes à effets, depuis la finance jusqu'aux comportements ?

Comment informer votre équipe ?

Entre quatre murs, physiques ou virtuels :

- sur le mur noir, montrez les objectifs, donnez des informations qui répondent à leurs questions suivantes. Allons-nous atteindre nos objectifs ? Sommes-nous en danger ? Comment vont nos finances ?

- sur le mur bleu, montrez les indicateurs internes, donnez des informations qui répondent aux questions suivantes Augmentons-nous notre productivité ? Augmentons-nous notre qualité ? Réduisons-nous nos coûts ?

- sur le mur rouge, montrez les indicateurs externes, donnez les informations qui répondent aux questions suivantes. Satisfaisons-nous nos clients internes ? Vendons-nous mieux nos résultats ? Respectons-nous les contraintes qui nous sont imposées ?

- sur le mur blanc, montrez les progrès, donnez les informations qui répondent aux questions suivantes. Nos projets vont-ils bien ? Suivons-nous nos plans ? Que devons-nous décider ?

Pour diriger une équipe, vous devriez connaître les réponses à toutes ces questions, quel que soit votre métier.

Comment présenter l'information pour qu'elle soit motivante ?

■ En affichage permanent et grand sur les murs de la salle d'équipe.

■ En graphique avec un visuel marquant.

■ En six indicateurs de performance répondant à une question.

■ En quatre couches visuelles : lampes rouge et verte, jauges, etc. ; cadrans, graphiques de tendance et table de chiffres.

■ En chaîne de causes à effets.

■ En responsabilité par personne.

Quel logiciel utiliser ?

Vérifier que votre logiciel d'information à l'équipe comporte bien les fonctions de bases suivantes :

■ les six facilités graphiques de la question précédente pour bien présenter l'information ;

■ pouvoir présenter uniquement les indicateurs dans le rouge avec ordre de gravité et facteurs causaux ;

■ proposer au moins trois modèles d'affaire par situation.

Témoignages

« [...] Pourquoi est-ce que notre Management Cockpit a augmenté l'efficacité de notre équipe ?

Je me suis rendu compte que je communiquais mal. Quand j'ai demandé à chacun de deviner mes six indicateurs de performance pour notre équipe, par ordre de priorité, je n'ai obtenu aucune réponse parfaitement exacte... »

« [...] Pourquoi est-ce que notre Management Cockpit a augmenté l'efficacité de notre équipe ?

Il nous a permis de découvrir au sein même de notre équipe des espaces noirs, c'est-à-dire des objectifs conflictuels, et des espaces blancs, c'est-à-dire des activités pour lesquelles personne ne se sentait personnellement responsable... »

« [...] Pourquoi est-ce que notre Management Cockpit a augmenté l'efficacité de notre équipe ?

La coordination a été améliorée. Surtout par le feed-back donné à travers les affichages sur les murs de la salle d'équipe, suivis de projet, déviances d'objectifs. Aussi en voyant les performances des autres coéquipiers affichées de manière aussi claire et visible... »

Comment réussir vos exercices « Management Cockpit d'équipe »

Choisissez les titres de vos douze tableaux de bord

Partez du modèle suivant. Ces douze questions ont été choisies par la plupart des équipes car ce sont des questions dont il faut avoir la réponse pour pouvoir piloter une équipe :

- allons-nous atteindre nos objectifs ?

- sommes-nous en danger ?

- comment vont nos finances ?

- augmentons-nous notre productivité ?

- augmentons-nous notre qualité ?

- réduisons-nous nos coûts ?

- satisfaisons-nous nos clients internes ?

- vendons-nous mieux nos résultats ? augmentons-nous nos ressources ?

- respectons-nous les contraintes qui nous sont demandées ?

- nos projets vont-ils bien ?

- suivons-nous nos plans ?

- que devons-nous décider ?

Mais toutes les équipes et les projets ne sont pas les mêmes. Vous devrez donc très probablement éliminer certaines questions qui ne sont pas pertinentes pour votre situation et en ajouter d'autres qui le sont plus.

Demandez à chaque membre de l'équipe de noter les six questions dont il a besoin de la réponse pour bien effectuer son travail. Faites une synthèse des réponses de tous les membres pour obtenir les douze questions dont la réponse est la plus essentielle à l'équipe.

Répondez aux questions que vous avez choisies

L'exercice constitue à trouver, en équipe, trois indicateurs qui répondent plus ou moins bien à chacune des questions que vous avez choisies dans l'exercice précédent.

Le tableau de bord d'équipe

L'exercice aller

1. Demandez au leader de l'équipe de noter sur une feuille les six critères de succès sur lesquels il aimerait que son équipe et lui-même soient jugés.

2. Demandez-lui de ne choisir que des indicateurs mesurables trimestriellement.

3. Demandez-lui de classer ces six critères par ordre d'importance.

4. Demandez à chacun des membres de l'équipe de noter sur une feuille ce qu'il croit être écrit sur la feuille du leader avec les noms exacts des critères et leur ordre d'importance pour lui.

5. Demandez à l'équipe de trouver un consensus sur six facteurs clés de succès.

Faites aussi l'exercice retour

1. Demandez à chacun des membres de l'équipe individuellement de noter sur une feuille de papier les trois critères sur lesquels il aimerait être jugé par le leader de l'équipe.

2. Demandez au leader de noter sur une feuille de papier, pour chacun des membres de son équipe, les trois critères sur lesquels il juge chacun des membre de son équipe.

3. Réconciliez les points de vue jusqu'à obtenir un consensus écrit.

4. Vérifier que les objectifs des membres de l'équipe soient subsidiaires aux objectifs communs de l'équipe.

Trouvez vos facteurs clés de succès

1. Pour chacun des six objectifs communs, définissez un projet, une initiative d'amélioration qui assurera l'atteinte de cet objectif.

2. Pour chacun de ces six projets de changement, choisissez un, deux ou trois indicateurs de résultats ou de comportement qui montrent l'avancée, le suivi de ce projet.

Comment réussir votre Management Cockpit d'équipe

1. Choisissez une salle de réunion et installez-y un système d'affichage mural en douze panneaux de 1 x 0,7 m.

2. Affichez les objectifs communs et les objectifs individuels des membres de l'équipe retenus après l'exercice du tableau de bord.

3. Affichez les questions retenues après l'exercice des informations communes. Utilisez ces questions comme titre des douze panneaux d'affichage.

4. Garnissez chaque panneau avec les objectifs et les indicateurs qui répondent aux questions en titre.

5. Organisez un *Cockpit Briefing* mensuel. Personne ne peut apporter de présentation ni de sujet per-

sonnel : cela pour apprendre à baser ses arguments sur les objectifs de l'équipe.

Choisissez vos objectifs personnels d'équipier

1. Demandez à chaque membre de l'équipe de se fixer trois objectifs mesurables, au moins trimestriellement, dont ils acceptent la pleine responsabilité et qui concourent à la réalisation des objectifs communs.

2. Faites la somme de ces objectifs individuels et vérifiez :
   - qu'il n'y ait pas de conflits trop marqués ;
   - qu'il n'y ait pas d'activité d'équipe sans objectif ;
   - que la somme de ces objectifs garantisse la réussite des objectifs communs.

Un modèle de Management Cockpit d'équipe

Des modèles de tableaux de bord

Vous pouvez constituer vos tableaux de bord de la façon suivante, c'est la plus classique.

Mur noir

Allons-nous atteindre nos objectifs ?
- L'évolution des facteurs causaux des objectifs communs.

Sommes-nous en danger ?
- Les six plus mauvaises informations pour l'équipe.

Comment vont nos finances ?

- L'évolution des grands chiffres financiers de l'équipe par rapport à l'historique et aux objectifs de la hiérarchie.

Mur bleu

Augmentons-nous notre productivité ?

- Les indicateurs de production et leurs ratios par rapport aux ressources consommées.

Augmentons-nous notre qualité ?

- Les indicateurs de qualité et leurs alertes.

Réduisons-nous nos coûts ?

- L'évolution des six coûts cibles de l'équipe.

Mur rouge

Satisfaisons-nous nos clients internes ?

- Les critères de satisfaction des clients.

Vendons-nous mieux nos résultats ?

- L'augmentation des ressources de l'équipe.

Respectons-nous les contraintes qui nous sont demandées ?

- Les déviances de budget, de régulation.

Mur blanc

Nos projets vont-ils bien ?

- Les facteurs clés de succès des initiatives prises pour atteindre les objectifs.

Suivons-nous nos plans ?

- Les déviances des règles de la maison.

Que devons-nous décider ?

– Les décisions à prendre ensemble ce trimestre.

Des modèles de présentation

Vous pouvez présenter vos informations de façon motivante. Voici quelques idées.

– Tous les indicateurs sont accompagnés d'une lampe rouge, verte ou orange, qui est réglée pour changer de couleur en fonction de la valeur de l'indicateur.

– Tous les indicateurs sont représentés par une jauge avec leurs valeurs de référence – historique, comparative, objectifs, budget, etc. – bien visibles sur la couronne de l'instrument.

– Les indicateurs d'objectifs importants sont représentés par des graphiques montrant simultanément leur évolution et celle de leurs facteurs explicatifs.

– Les tableaux de bord sont affichés aux murs de la salle d'équipe à chaque réunion sous forme de panneaux de 1 x 0,7 m par tableau.

– Un tableau des alertes affiche tous les indicateurs qui ont une lampe rouge depuis plus de trois mois.

– Un tableau par équipier montre l'évolution de ses trois indicateurs personnels de performance.

Des modèles d'indicateurs

Vous pouvez générer des indicateurs pertinents en répondant, par exemple, aux questions suivantes :

- qu'avons-nous fait ce trimestre pour augmenter nos moyens, nos revenus internes ?
- qu'avons-nous fait ce trimestre pour augmenter notre flexibilité et notre automatisation ?
- qu'avons-nous fait ce trimestre pour augmenter la responsabilisation et l'autonomie de chacun des équipiers ?
- à quelles mesures voyons-nous que nos initiatives, nos changements pour atteindre nos objectifs sont sur le bon chemin ?

Des modèles d'usage des Managements Cockpits d'équipe

Vous pouvez utiliser votre Management Cockpit de nombreuses façons. Voici quelques idées.

- Au début de chaque réunion, demandez à chaque responsable d'un indicateur dans le rouge de présenter en une minute un plan d'action concret pour ramener cet indicateur dans le vert.
- Récompensez au mérite en fonction des performances proposées et acceptées par chacun.
- Gérez par exception en donnant moins de contraintes et plus de moyens aux responsables dont les indicateurs sont dans le vert.
- Augmentez la productivité et la qualité en mesurant plus d'indicateurs de performance dans ces domaines.
- Faites mieux appliquer votre stratégie en mesurant les facteurs de succès de vos projets de changement.
- Motivez en affichant les activités et les résultats.

Le plan d'équipe

Voici le quatrième programme que nous vous proposons pour dynamiser votre équipe. Le concept de ce
programme est simple. Considérez que :

–   votre équipe, ou votre projet, est une petite entre-
    prise au sein d'une grande entreprise. Vous faites
    partie du Comité de direction de cette petite entre-
    prise ;

–   les patrons du chef de votre équipe sont des inves-
    tisseurs internes qui vous donnent ou vous retirent
    des ressources en fonction des promesses de renta-
    bilité que vous leur faites ;

–   vous avez des clients internes, c'est-à-dire les
    autres équipes à qui vous passez vos résultats.
    Vous devez leur vendre vos capacités et vous
    devez vendre votre plan aux investisseurs internes
    pour avoir des ressources ;

–   vous avez des compétiteurs, c'est-à-dire les autres
    équipes et les autres projets à qui les patrons de
    l'entreprise pourraient à tout moment donner une
    partie de vos budgets parce qu'ils pensent qu'ils
    auront une meilleure rémunération de leurs
    risques ;

- votre équipe est un centre de profit en ce sens que, si vous avez du succès, vous recevrez plus de liberté, plus de pouvoir, plus de moyens ;
- votre équipe est une usine qui produit et livre des choses à un marché interne en rapportant plus qu'elle ne coûte sur le long terme.

Votre équipe consomme des ressources qui appartiennent à quelqu'un qui vous fait confiance pour dépenser son argent à sa place. Il faut lui montrer que sa confiance est bien placée, que si elle vous donnait plus d'argent, plus de temps, plus de responsabilité, elle ne s'en porterait que mieux. C'est ce que fait le plan d'affaires d'équipe en vous considérant comme une petite entreprise dans l'entreprise. Le principe vaut de même pour un projet.

Les réponses à vos questions les plus fréquentes

Est-ce qu'un plan d'affaires n'est pas fait pour les entreprises plutôt que pour les équipes ou les projets ?

Non, toute équipe qui consomme des ressources qui lui sont confiées doit justifier de leur utilisation et de leur rentabilité.

Comment faire le plan d'équipe ?

Utilisez un modèle prêt à l'emploi et adaptez-le à votre situation. Ne réinventez pas la roue. Tous les plans d'équipe se font sur le même canevas et doivent répondre aux mêmes questions, classiques, des investisseurs internes, de la hiérarchie.

Faites votre plan sur trois ans. En nos temps incertains, c'est déjà du long terme et vous devriez avoir passé votre seuil de rentabilité avant cela.

Par vos réponses aux questions, vous répondez en fait à une seule question de vos patrons : à cette équipe, à ce projet, devons-nous donner plus ou moins de budget, plus ou moins de moyens, plus ou moins de liberté, de pouvoir, de temps ?

Que faire du plan quand il sera établi ?

N'hésitez pas à présenter votre plan à plusieurs personnes dans votre entreprise. Vous serez étonné d'apprendre que plusieurs dirigeants trouvent votre projet, ou votre unité, suffisamment attrayant pour y investir en dehors même du budget historique qui vous est alloué quasi automatiquement.

Si votre plan est bien fait et bien présenté, c'est finalement vous qui choisissez vos investisseurs et vos patrons ! Vous avez renversé la pyramide ! Une équipe rentable, et qui le prouve dans son plan, doit croître et s'étendre régulièrement.

L'objectif du plan est de vous permettre d'obtenir plus de budget pour votre équipe. Montrez à votre entreprise que votre centre de coût est en fait un centre de profit !

Témoignages

« [...] J'aime bien me considérer comme un entrepreneur et montrer que je peux faire fructifier ce que l'on me confie. »

« [...] Nous n'acceptons aucun nouveau projet sans son plan d'affaires. Quel risque est-ce que j'encours si je dis oui ? Quelle sera ma récompense si j'ai pris le bon risque ? »

« [...] Chez nous, il faut un plan d'affaires pour chaque risque, pour chaque investissement. Nous facilitons la vie de nos chefs d'équipe et de projet en leur donnant un modèle de plan d'affaires, en leur donnant accès à un consultant interne qui en quelques heures les aide à adapter ce modèle à leur situation. »

« [...] Quand ils veulent plus de moyens, les chefs d'équipe et de projet nous envoient un plan d'affaires et nous organisons un concours entre eux. Les trois meilleurs, ceux où nous pensons avoir le plus de rentabilité de notre argent et de notre temps, reçoivent ce qu'ils demandent. »

Comment réussir vos exercices plan d'équipe

Exercice 1

Demandez à chacun des membres de l'équipe de répondre individuellement à toutes les questions du modèle de plan d'équipe.

Faites la synthèse de toutes les réponses en un premier projet de plan d'équipe.

Distribuez ce projet de plan à tous les membres pour une dernière opinion.

Faites approuver le plan au vote majoritaire de l'équipe.

Exercice 2

Rédigez ce plan au cours d'un séminaire d'équipe de un ou deux jours. Si nécessaire, utilisez un logiciel de plan d'affaires disponible pour peu cher dans le commerce.

Présentez-le d'abord à votre patron et si possible à d'autres dirigeants de votre entreprise.

Demandez 20 % de moyens de plus que ceux que vous n'avez actuellement. Prouvez en chiffres par votre plan que cela sera rentable.

Ne vous découragez pas. Même si les moyens supplémentaires ne vous sont pas attribués à la suite de votre demande, au moins votre hiérarchie réfléchira à deux fois avant de réduire vos budgets !

Exercice 3

Répondez aux questions du modèle qui suit et ajoutez un tableau chiffré de vos coûts (toutes vos dépenses) et de vos revenus (budgets et ressources allouées).

Ajoutez une lettre de couverture de type : « *Notre équipe estime que vous devriez investir plus dans nos capacités. Pour un risque mesuré, nous pouvons vous promettre à terme une rentabilité claire pour cet investissement. Le plan d'équipe ci-joint vous le prouvera.* »

Un modèle de plan d'équipe

Voici les questions auxquelles doit répondre un bon plan d'équipe pour avoir une chance d'être sponsorisé. Ajoutez les questions qui vous sont particulières et enlevez les questions qui ne sont pas pertinentes pour votre situation. Mais réfléchissez bien avant d'éliminer une question de ce modèle. Dans le cadre d'une vraie équipe moderne, elles sont toutes pertinentes.

Quelle est la mission de cette équipe, de ce projet ?

....

....

Dans quel métier êtes-vous ? Quelle est votre expertise, votre principal savoir-faire ?

....

....

Qui sont vos trois clients internes les plus importants ? Vos résultats, vos capacités servent quelqu'un. Qui en a besoin ? Qui vous donne de l'argent ou des ressources ?

....

....

Quels sont vos trois produits et services les plus importants ? Que vous achètent vos clients internes ? Que produisez-vous de valeur ? En quoi est-ce tangible ? En quoi ces produits et services sont-ils différents ?

....

....

Quels sont les niveaux de qualité des services que vous voulez atteindre ? Les défauts disparus ? Les critères de satisfaction de vos clients ? Les critères de temps et de spécification ?

....

....

Quels sont vos trois processus les plus importants pour produire des services ? Les activités répétitives qui vont du besoin à la satisfaction de vos clients ? Leurs principales étapes ? Le matériel brut et les machines nécessaires ?

....

....

Quels sont vos principaux projets novateurs ? Planning et livraisons vérifiables ?

....

....

Quels sont vos coûts principaux, fixes et variables ? Les trois principaux coûts fixes ? Les trois principaux coûts variables ?

....

....

Quelles sont vos ressources principales ? Budgets ? Ventes ? Investissements ? Biens ? Droits ? Personnes ?

....

....

© Éditions d'Organisation

Quelle rentabilité espérez-vous à long terme de la consommation de ces ressources ? Retour sur investissement ? Quand ? Pour quelle durée ?

....

....

Quels canaux de distribution allez-vous utiliser pour livrer vos capacités à vos clients internes ?

....

....

Quels sont les obstacles que vous envisagez et qui vous empêcheraient de tenir les promesses de ce plan ? Quels sont les risques de toutes catégories avec probabilités et impacts ? Quelles sont les décisions que vous avez prises pour minimiser ces risques ?

....

....

À combien estimez-vous vos chances d'atteindre les chiffres que vous présentez dans ce plan (objectifs financiers et non financiers) ?

....

....

À quelle taille estimez-vous le marché interne pour vos compétences, pour vos capacités, pour vos résultats ? Qui pourrait avoir besoin de vous ?

....

....

*Pouvez-vous offrir d'autres services que ceux que vous ren-
dez actuellement ou pouvez-vous rendre vos services actuels
à plus de monde ?*

....

....

*Quels sont vos compétiteurs internes qui pourraient reven-
diquer les mêmes ressources que vous ?*

....

....

*Quels sont vos moyens actuels et en quoi ces moyens vous
limitent-ils pour l'instant ? Qu'est-ce qui vous manque
pour faire plus ou mieux ?*

....

....

*Quel est votre plan de marketing et de vente interne pour
vos capacités ? Quelles sont les activités de vente systémati-
ques que vous allez organiser ?*

....

....

*Quelle est votre stratégie, quels sont les choix que vous allez
faire pour vous différencier clairement ? Qu'allez-vous faire
que les autres ne font pas ?*

....

....

Comment, avec vos nouveaux moyens, allez-vous augmenter la satisfaction de vos clients ? Qu'est-ce que les nouveaux moyens que vous demandez vont changer ?

....

....

Comment, par quels indicateurs, allez-vous mesurer la qualité de vos services et la productivité de vos processus de production ?

....

....

Si vous receviez 20 % de plus de budget, que pourriez-vous vous promettre ?

....

....

N'oubliez pas, en annexe de ce plan d'équipe, de joindre tous les chiffres et documents probants de votre passé qui crédibilisent vos promesses.

Partie 2

Les trente meilleurs outils de travail en équipe

Voici le catalogue des trente outils favoris des équipes que nous avons rencontrées. Choisissez les cinq à dix qui vous semblent les plus pertinents dans votre situation. Appliquez-les et l'efficacité de votre équipe s'en trouvera largement améliorée.

La fiche de chaque outil est composée de la manière suivante :

➤ pourquoi cet outil est-il souvent utilisé ? À quoi sert-il ? Comment fonctionne-t-il ?

➤ les questions à vous poser avant d'utiliser l'outil ;

➤ des témoignages et des recommandations d'utilisateurs (plus de huit cents équipes ont été interrogées) ;

➤ l'utilisation particulière que fait chaque équipe dans le cadre des quatre programmes de travail en équipe – comme article de convention d'équipe, comme technique de Management Cockpit d'équipe, comme technique d'échange d'information avec « Outlook Indira » et Outlook Jane, enfin, comme technique du plan d'équipe ;

➤ les indicateurs à mesurer pour suivre vos progrès ;

➤ vos prochaines actions.

Le contenu de votre boîte à outils

Les réunions d'équipe

Les courriers électroniques

La salle de réunion

Le site Web de l'équipe

Le site Web individuels

Les objectifs communs

Les objectifs personnels

Le leader d'équipe

L'agenda d'équipe

Les informations d'équipe

Les dossiers communs

Les projets communs

Le tableau d'affichage

Les tableaux de bord et les indicateurs de performance

Les compétences disponibles

Les références communes

Les contacts de l'équipe

La bible d'équipe

Le marketing d'équipe

La charte de la mission d'équipe

Les rôles d'équipe

Les remplacements d'équipe

La délégation

Les décisions communes

Les groupes de nouvelles

Le glossaire d'équipe

La composition d'équipe

Les processus d'équipe

Le séminaire de construction d'équipe

La description de poste

Les réunions d'équipe

Organisez de vrais briefings !

La réunion est à la fois le meilleur et le pire moyen de travailler ensemble. Il faut se réunir souvent pour être une équipe, mais les réunions consomment beaucoup de temps : elles coûtent entre 30 et 35 % des salaires. Pour diminuer ce coût, les réunions doivent être très efficaces et organisées. Votre équipe a besoin d'une méthode pour se réunir efficacement. Mais une méthode de réunion ne fonctionnera bien que si elle est approuvée et adoptée par tous les participants potentiels.

Posez-vous les bonnes questions

Établissez d'abord le bilan de vos acquis :

- quelles sont les règles que vous utilisez pour optimiser votre temps passé en réunion ?
- quelles sont les règles que vous respectez pour organiser des réunions efficaces ?

Témoignages

« [...] Je dois voir mon équipe tous les matins mais vite. Ils ont chacun cinq minutes au maximum pour exprimer ce qu'ils ont à dire, pas plus. En une demi-heure, la journée est organisée. On reste debout, on boit un café, pas de présentation, pas de notes. Pas de présence obligatoire, mais prière à ceux qui ne sont pas venus de ne pas m'interrompre pendant la journée. »

« [...] Nos réunions étaient très intuitives, très naturelles, mais pas très efficaces. Quand nous avons grandi, nous avons dû rationaliser nos contacts. J'ai essayé d'imposer une organisation des réunions, en vain. Ce sont tous des divas chez nous. Il a fallu les convaincre, faire un séminaire de travail d'équipe et les faire tous signer. Maintenant, ils se sentent un peu culpabilisés quand ils dérogent à la convention qu'ils ont eux-mêmes signée. »

« [...] On a dû différencier les réunions. Les sujets stratégiques à long terme ne peuvent pas être discutés correctement au milieu de sujets mineurs à court terme. Tous les mois, on discute des opérations et rien que de cela. Tous les trimestres, on discute stratégie et rien que de cela. On ne mélange plus, c'est mieux. »

« [...] Je ne termine jamais une réunion sans pousser mes collaborateurs à promettre quelque chose de concret, de tangible pour le vendredi suivant. »

« [...] Je fais mes briefings d'équipe tous les vendredis en fin d'après-midi plutôt le lundi matin. C'est beaucoup plus efficace : ils me gardent dans la tête tout le week-end ! »

« [...] Les vidéo-conférences sont beaucoup plus efficaces pour les réunions techniques entre personnes qui se connaissent bien. Le coût de la réunion est affiché en permanence, les gens arrivent bien préparés, ne parlent pas des sujets qui n'intéressent que deux ou trois personnes et vont plus vite. »

> « [...] Pour que les participants s'impliquent et se préparent à la réunion, j'ai un truc. Je publie, avant la réunion, la liste des décisions à prendre. Pas de décision claire à prendre ensemble, pas de réunion. »

Optimisez cet outil dans le cadre des différents programmes

La convention d'équipe

Voici des idées pour l'article « Comment allons-nous nous réunir ? » de votre convention de travail. Quelques exemples vécus de points convenus dans les équipes étudiées. À vous de choisir ou d'inventer les vôtres.

Nous nous engageons à :

- tenir notre réunion petit-déjeuner tous les jours de 8 h 30 à 9 h ;

- tenir notre réunion de suivi tous les vendredis de 16 h à 17 h ;

- tenir notre réunion d'analyse des indicateurs de performance tous les derniers vendredis du mois de 16 h à 17 h 30 ;

- tenir notre réunion stratégique tous les derniers vendredis du trimestre de 16 h à 17 h 30 ;

- toujours débuter et finir les réunions dans les 10 minutes de l'horaire convenu ;

- envoyer à tous les engagements promis à la réunion dans les 24 heures après la réunion ;

– envoyer à tous les décisions à prendre à la réunion suivante, dans les 24 heures avant la réunion ;

– organiser les réunions techniques par vidéo ou téléconférence ;

– tenir toutes les réunions dans une salle qui affiche nos indicateurs de performance ;

– réduire notre temps en réunion de 10 % cette année ;

– réduire le temps en réunion par des réunions debout, par des réunions juste avant le week-end, par des vidéo-conférences, en convoquant les participants par sujet discuté et non par réunion, en choisissant un président de réunion qui préside vraiment.

Le Management Cockpit d'équipe

Dans un Management Cockpit, on ne tient pas des réunions mais des *Cockpit Briefings*. Pourquoi les *Cockpit Briefings* sont-ils des réunions si efficaces ?

– Parce que les résultats individuels et ceux de l'équipe sont affichés, bien visibles, aux murs.

– Parce que les lampes rouges et vertes sont évidentes et les responsables biens désignés.

– Parce que l'on ne peut pas y apporter sa propre présentation, mais uniquement faire référence aux faits et aux indicateurs pour argumenter.

– Parce que c'est une réunion très formalisée qui revoit toutes les performances par ordre de priorité.

– Parce qu'elle dure 90 minutes seulement et toujours le vendredi en fin d'après-midi.

Intranet Indira et Outlook Jane

La liste des décisions à prendre et l'ordre du jour des réunions est affiché 48 heures à l'avance sur le site Web de l'équipe.

Les actions promises à la réunion y sont aussi affichées dès la fin de la réunion par le secrétaire de l'équipe.

Les demandes de réunions faites aux collègues sont facilitées par l'utilisation d'Outlook Jane. Les réunions régulières sont notées automatiquement dans l'agenda de tous les membres de l'équipe.

Le plan d'équipe

Le plan d'affaires de l'équipe comprend la description précise des mécanismes de production des résultats qu'elle promet.

L'organisation des réunions est une partie importante de ces mécanismes de production.

Le plan d'affaires d'une équipe efficace comporte toujours des articles sur l'organisation de la communication, notamment les réunions, au sein du groupe.

Fixez-vous des objectifs et mesurez vos performances

Voici quelques idées d'objectifs classiques des équipes qui veulent augmenter l'efficacité de leurs réunions :

- 90 % des réunions doivent commencer et finir à l'heure prévue ;
- passer 20 % de temps de moins en réunion cette année ;
- établir une liste des décisions à prendre ensemble avant chaque réunion.

Ajouter d'autres indicateurs mesurables. Puis faites votre choix.

Vos plans d'action

Pour diminuer les temps de réunion. Notez vos trois prochaines actions :

- ....
- ....
- ....

Pour augmenter la productivité des réunions. Notez vos trois prochaines actions :

- ....
- ....
- ....

Les courriers électroniques

Suivez les règles de base de la politesse !

Nous recevons tous beaucoup de courriers. Dans un bon esprit d'équipe, il faut aider votre destinataire à traiter son courrier. Pour cela, suivez une convention, une règle de politesse entre membres d'une même équipe.

Une communication spontanée des courriers sans règles sont très agréables dans une très petite équipe qui a beaucoup de temps et peu de responsabilités. Toutefois, dès que l'importance du travail de l'équipe augmente, il faut instaurer quelques règles de bonne conduite, comme dans le trafic routier. Ces règles doivent avoir été écrites puis signées par tous les membres de l'équipe.

Posez-vous les bonnes questions

Établissez d'abord le bilan de ce que vous appliquez déjà :

- quelles règles respectez-vous pour faciliter le traitement de vos courriers à vos destinataires ?

- qu'avez-vous imposé, comme règles d'efficacité dans les messages, à vos correspondants réguliers ?

- comment avez-vous réglé votre logiciel de messagerie pour qu'il vous facilite la tâche de traitement de votre courrier ?

Témoignages

« [...] Je reçois plus de trente mails par jour. Du pire et du meilleur. De l'utile et de l'inutile. J'ai décidé de discipliner au moins mes correspondants réguliers. Nous avons conclu une sorte de contrat de bonne conduite pour faciliter notre vie. »

« [...] J'utilise mon logiciel de messagerie pour classer automatiquement mes messages dans le dossier de leur sujet. Mais, pour que mon logiciel puisse faire cela, mes correspondants doivent remplir la case "Sujet" de manière disciplinée. Nous avons créé une liste de sujets communs et nous n'utilisons que ces noms comme sujet de message. »

« [...] La nuisance, ce sont les messages que je reçois en copie. Certains de mes collaborateurs ont la mauvaise habitude d'envoyer une copie de leur littérature au plus de monde possible. C'est une vraie pollution. Pour éviter cela, nous avons organisé un tableau public d'affichage virtuel, classé par groupe de nouvelles. Nous y jetons un coup d'œil une ou deux fois par semaine. »

« [...] Je vide complètement ma boîte de réception tous les soirs. Pour les messages pour lesquels j'ai besoin de temps, j'envoie à l'expéditeur un accusé de réception et je classe son message dans mon agenda à la date et à l'heure auxquelles je compte y travailler. »

Optimisez cet outil dans le cadre des différents programmes

La convention d'équipe

Voici des idées pour l'article « Comment allons-nous échanger du courrier ? » de votre convention de travail. Quelques exemples vécus de points convenus dans les équipes étudiées.

Nous nous engageons à :

– n'aborder qu'un seul sujet ou dossier par message ;

– toujours remplir la zone « Sujet » avec un seul thème, repris dans la liste des sujets ou dossiers d'équipe ;

– n'utiliser qu'un seul destinataire principal ;

– ne pas mettre en copie plus de trois destinataires ;

– envoyer au tableau d'équipe, plutôt qu'aux destinataires, les messages concernant de nombreux destinataires ;

– ne pas transférer un message noté « Confidentiel » sans en demander la permission à l'expéditeur ;

– pour tous les messages sans réponse dans les 24 heures, envoyer un accusé de réception et une date cible de réponse au message.

Ajouter vos règles, faites une sélection, faites appliquer.

Le Management Cockpit d'équipe

Les membres de l'équipe envoient des messages au *Cockpit Officer* sur des thèmes où un besoin pressant d'information s'est fait sentir, par exemple, des messages dont le sujet est « Nouvelles du compétiteur X » ou « Évolution du chiffre Y ».

Tous les vendredis matin, pour préparer le *Cockpit Briefing* de l'après-midi, le *Cockpit Officer* vide les boîtes de nouvelles classées par titre de tableaux de bord : par exemple, « Nouvelles sur nos compétiteurs » ou « Évolution du facteur Y ».

Intranet Indira et Outlook Jane

Intranet Indira envoie les messages pouvant intéresser plusieurs membres de l'équipe à la page « Tableau d'affichage » du site Web de l'équipe.

Outlook Jane gère, entre autres, les courriers et les messages entre membres de l'équipe. Il automatise le transfert de messages entre membres et entre dossiers communs, en fonction des mots clés que vous avez écrits dans la ligne « Sujet » de votre message.

Le plan d'équipe

Un article du plan d'affaires doit montrer à vos investisseurs internes que la communication est bien organisée dans votre équipe.

Fixez-vous des objectifs et mesurez vos performances

Voici des exemples classiques de performances cibles :

- mieux gérer mes correspondants pour limiter mon courrier à vingt messages quotidiens ;
- vider complétement ma boîte de réception à la fin de chaque séance de lecture de mon courrier. Pas de messages lu mais non classé ;
- arriver à une seule séance de lecture du courrier par jour ;
- mieux gérer mes correspondants pour que la moitié des messages reçus ait un sujet choisi sur la liste de sujets de l'équipe.

Vos plans d'action

Pour envoyer moins de courrier. Notez vos trois prochaines actions :

- ....
- ....
- ....

Pour recevoir moins de courrier. Notez vos trois prochaines actions :

- ....

■ ....

■ ....

Pour améliorer votre courrier et le rendre plus facile à traiter par vos correspondants. Notez vos trois prochaines actions :

■ ....

■ ....

■ ....

La salle de réunion

Organisez une vraie salle d'équipe !

Il nous faut un minimum de choses physiques dans un monde de plus en plus virtuel et distant. C'est psychologique. Pour créer un esprit commun, il faut rendre visible, afficher les choses communes. En effet, ce qui est visible, ce qui est permanent, ce qui est grand est considéré comme important : voilà la règle universelle. Cela se fait dans la salle d'équipe.

Une équipe, c'est un lieu commun pour se réunir, pour communiquer par affichage, pour boire un café, pour garder les choses collectives, pour recevoir les collaborateurs externes à l'équipe, tout en faisant la publicité de l'équipe sur les murs.

Posez-vous les bonnes questions

- Qu'avez-vous fait pour rendre votre esprit d'équipe tangible, physique, permanent, affiché ?

- Comment affichez-vous, publiez-vous les résultats, les succès de votre équipe ou de votre projet ?

Témoignages

« [...] Avant d'accepter de diriger cette équipe, j'ai eu une exigence : avoir une salle de réunion à nous. Une salle d'équipe, c'est l'esprit d'équipe. C'est psychologique, mais c'est important. »

« [...] Notre salle de réunion ressemble au local d'un club de football ! Nos résultats et ceux de nos compétiteurs sont affichés. Nos trophées sont bien mis en évidence. Pourtant, nous sommes une équipe de financiers. Mais cela nous plaît comme cela. Nous y avons mis aussi la meilleure machine à Espresso de tout le bâtiment. »

« [...] C'est l'endroit où je crée mon équipe. Nous nous y installons dès que nous sommes plus de deux à discuter. L'avancée de nos projets y est bien visible sur les murs. Même si l'on parle d'autre chose, ces graphiques restent dans notre champ de vision et nous ramènent à l'essentiel. »

« [...] Notre salle d'équipe est remplie de photos : nos chantiers qui avancent ; nos poignées de main à la signature du contrat ; nos repas bien arrosés. Dans les moments difficiles, j'ai l'impression que cela nous remet sur les rails. »

« [...] Je m'en sers pour que tout le monde voie les succès et les problèmes des autres sur les graphiques et les résultats affichés aux murs. Cet affichage mural est mon outil de transparence et de communication. »

« [...] Comme nous n'avions pas assez de salles de réunion pour toutes les équipes, mon bureau, le plus grand, est devenu la salle de réunion et d'affichage de mon équipe. »

> « [...] Je dirige un projet important. J'avais donc besoin
> d'une salle des cartes. On ne peut pas diriger un projet
> complexe sans avoir un grand mur d'affichage visualisant
> les progrès et les faiblesses des équipes sur le terrain. »

Optimisez cet outil dans le cadre des différents programmes

La convention d'équipe

Voici des idées pour l'article « Comment allons-nous organiser notre salle d'équipe ? » de votre convention de travail. Quelques exemples vécus de points convenus dans les équipes étudiées.

Nous nous engageons, par exemple, à :

- choisir une salle de réunion comme lieu physique de l'équipe ;

- afficher aux murs de cette salle les résultats et le suivi du travail réalisé en commun ;

- y conserver les dossiers gérés par plus de deux personnes ;

- y afficher les symboles de l'esprit d'équipe (charte de mission, liste des dossiers communs, liste des objectifs communs, trophées, etc.) ;

- y afficher les photos et les articles de presse interne ou externe qui parlent de notre équipe ou de l'un de ses membres.

Le Management Cockpit d'équipe

Le Management Cockpit, c'est la salle de réunion et d'affichage des performances de l'équipe.

On ne peut pas bien travailler en équipe en face d'un écran d'ordinateur. Il faut que les indicateurs, les cadrans, les jauges entourent l'équipe. Il faut que l'affichage mural soit grand, permanent et visuel. Si l'information à l'équipe est faite uniquement sur écran ou sur papier, c'est beaucoup moins fort, beaucoup moins motivant. Loin des yeux, loin du cœur…

Intranet Indira

Les équipes qui se déplacent beaucoup ont souvent des réunions dans différentes salles. Comment alors avoir des réunions dans une salle qui affiche toujours les mêmes tableaux de bord ? En créant un Management Cockpit virtuel dans l'Intranet de l'équipe et en projetant ces tableaux sur les murs de la salle de réunion.

Le plan d'équipe

Les informations affichées dans la salle de réunion d'équipe sont la représentation graphique du plan d'équipe. Les graphiques suivent la réalisation de votre plan et signalent les déviances.

Un investisseur potentiel, votre patron ou quelqu'un d'autre voudra toujours visiter votre salle d'équipe pour regarder les tableaux de bord qui vont suivre la réalisation du plan.

Fixez-vous des objectifs et mesurez vos performances

Vous aurez atteint vos objectifs avec cet outil, quand :

- 90 % des réunions se feront dans votre salle d'équipe ;
- vos performances seront affichées dans votre salle de réunion.

Vos plans d'action

Pour obtenir une salle dédiée à votre équipe. Notez vos trois prochaines actions :

- ....
- ....
- ....

Pour afficher vos performances dans cette salle commune. Notez vos trois prochaines actions :

- ....
- ....
- ....

Le site Web de l'équipe

Un outil de coordination indispensable

Votre équipe doit se vendre en informant le plus largement possible sur ses capacités et sur ses résultats. Elle doit avoir la vitrine la plus attractive possible. Faites envie avec les résultats de vos travaux et montrez leurs valeurs.

Mais pas seulement une vitrine. Les sites Web d'équipe sont aussi les collecteurs et distributeurs des informations communes.

Le site Web commun, c'est la plaque tournante de l'équipe. Le secrétaire de l'équipe, c'est maintenant surtout son webmaster.

Posez-vous les bonnes questions

■ Comment faites-vous la publicité interne ou externe de votre équipe et de ses résultats ?

- Quelles sont les règles que votre équipe impose à ses membres au sujet du partage et de la « communautarisation » des savoirs individuels ?
- Comment utilisez-vous actuellement Internet et Intranet au profit de votre travail d'équipe ?

Témoignages

« [...] En faisant notre propre publicité sur l'Intranet, nous rendons les membres de notre équipe fiers d'y appartenir. C'est autant un outil de motivation interne qu'une information donnée à l'extérieur. »

« [...] Ce qui est important, c'est que l'équipe existe en tant que telle, en dehors de ses membres. Cela, elle ne peut le faire que par des symboles : la salle de réunion d'équipe, le site Intranet d'équipe. »

« [...] J'estime que nous devons avoir une vitrine pour montrer nos efforts. Nous sommes une petite entreprise dans l'entreprise, nous devons donc exister et être visibles en tant qu'unité. »

« [...] La création de notre site Web a été un magnifique exercice de travail en équipe. Que fallait-il y mettre ? Comment présenter notre équipe ? Quels sont les services que nous rendons ? »

Optimisez cet outil dans le cadre des différents programmes

La convention d'équipe

Voici des idées pour l'article « Comment allons-nous organiser notre site Web ? » de votre convention de travail. Quelques exemples vécus de points convenus par les équipes étudiées.

Nous nous engageons, par exemple, à :

- créer un site Web d'équipe présentant notre mission, nos objectifs, nos projets, nos résultats ;
- créer un site Web commun pour centraliser la gestion de notre projet et échanger des informations plus facilement et plus rapidement ;
- y mettre les informations suivantes en première page ;
- le structurer de la façon suivante.

Le Management Cockpit d'équipe

Les tableaux de bord du Management Cockpit d'équipe sont une partie importante de l'information que donne l'équipe sur son site Web, confidentiellement ou non. Si des réunions de l'équipe doivent se tenir en dehors de la salle de réunion habituelle, les tableaux de bord sont imprimés à partir du site Web de l'équipe et affichés dans la nouvelle salle de réunion.

Intranet Indira

Le site Web d'équipe fait partie intégrante de ce programme. Il présente, par exemple, les questions les plus fréquentes des membres de l'équipe à Intranet Indira, les documents les plus souvent utilisés par les coéquipiers, etc.

Le plan d'équipe

Les investisseurs internes et les patrons de l'équipe vont souvent d'abord visiter le site de l'équipe et consulter, avec leur code d'accès, les progrès de l'équipe ou du projet vers la rentabilité.

Beaucoup d'investisseurs et de sponsors exigent que l'équipe parrainée mette en place un site Web sécurisé où ils pourront suivre, à leur guise et sans rien demander, l'évolution des chiffres et des ratios atteints par l'équipe.

Fixez-vous des objectifs et mesurez vos performances

Les objectifs des équipes sont souvent les mêmes :

- créer un site Web d'équipe de dix pages opérationnel en moins de six mois ;
- avoir dix visiteurs par jour sur leur site Web d'équipe en moins de douze mois ;
- avoir un site mis à jour tous les trois mois, sans réclamation à ce sujet.

Vos plans d'action

Pour trouver un fournisseur et un budget. Notez vos trois prochaines actions :

- ....

■ ....

■ ....

Pour décider du contenu. Notez vos trois prochaines actions :

■ ....

■ ....

■ ....

Pour assurer la mise à jour. Notez vos trois prochaines actions :

■ ....

■ ....

■ ....

Les sites Web individuels

Faites accéder les membres de votre équipe à l'efficacité du monde virtuel

Chaque membre d'une équipe doit informer les autres de ce qu'il fait et de ce qu'il sait. La plupart des personnes qui travaillent en équipe tiennent un site Web individuel dans ce but. Pour des raisons de communication, ces sites sont tous conçus sur le même modèle.

Cet outil, de plus en plus utilisé, rend véritablement virtuel chaque membre de l'équipe en le représentant, en représentant son savoir et son intelligence.

Nous travaillons le plus souvent loin de nos coéquipiers et les déplacements pour nous voir sont coûteux, d'où l'intérêt de plus en plus grand pour cet outil.

Posez-vous les bonnes questions

Vous ne partez pas de rien. Commencez par établir le bilan de ce que vous avez déjà mis en place pour rendre votre savoir utile aux autres :

■ qu'avez-vous fait pour rendre votre savoir utilisable par les autres membres de votre groupe de travail ?

■ comment structurez-vous votre savoir pour le rendre plus facile à trouver par un coéquipier ou par un moteur de recherche ?

■ comment pourriez-vous réorganiser vos documents pour les classer avec une méthode commune au groupe de travail ?

■ sous quelle forme pourriez-vous écrire votre savoir intuitif, ce qu'il y a dans votre mémoire de professionnel, d'expert de tel ou tel domaine ?

Témoignages

« [...] J'ai demandé à chaque membre de notre groupe d'ouvrir un site individuel sur l'Intranet et d'y mettre tout ce qu'il pense être utile à ses collègues. »

« [...] Notre informaticien nous a aidés à créer, sur l'Intranet, un moteur de recherche grâce auquel je trouve très rapidement les informations dont j'ai besoin sur les sites de mes collègues. »

« [...] C'est presque devenu une compétition amicale entre nous : celui qui aura le site le plus utile aux autres, celui qui aura le site le plus visité. »

Optimisez cet outil dans le cadre des différents programmes

La convention d'équipe

Voici des idées pour l'article « Comment allons-nous organiser nos sites Web individuels ? » de votre convention de travail. Quelques exemples vécus de points convenus dans les équipes étudiées.

Nous nous engageons, par exemple, à :

- remplir toutes les rubriques du questionnaire du site modèle ;

- tenir à jour notre site Web individuel tous les trimestres ;

- consulter et répondre tous les jours aux questions restées sans réponse des autres membres de l'équipe.

Le Management Cockpit d'équipe

Un site Web individuel comporte toujours la page « Voici les indicateurs dont je possède les dernières valeurs ».

Le programme Management Cockpit, ou le secrétaire de l'équipe, fait le tour de tous les sites individuels pour y récolter les informations et les chiffres utiles à constituer le prochain *Cockpit Briefing* de l'équipe.

Certains membres d'équipe vont même jusqu'à créer sur leur site Web une page d'information spéciale-ment formatée pour que le programme Management

Cockpit de son équipe puissent facilement y récolter ce dont il a besoin pour le prochain *Cockpit Briefing*.

Intranet Indira

Les sites Web individuels sont le cœur d'Intranet Indira, le système de gestion du savoir local. Ce sont eux qui récoltent le savoir de chaque membre de l'équipe, avant de le distribuer aux autres.

Le plan d'équipe

La hiérarchie examine toujours les sites Web individuels des membres d'une équipe pour estimer sa valeur. Des sites bien fournis, souvent visités, tous organisés de la même façon sont les signes d'une équipe unie qui fonctionne bien.

Fixez-vous des objectifs et mesurez vos performances

Les objectifs des membres d'un groupe de travail sont souvent les mêmes dans ce domaine :

- créer un site Web Intranet personnel de dix pages opérationnel en moins de six mois ;
- avoir dix visiteurs par jour sur mon site Web en moins de douze mois ;
- avoir un site mis à jour tous les trois mois, sans réclamation à ce sujet.

Vos plans d'action

Pour transposer le modèle Intranet Indira de ce livre sur un site Intranet. Notez vos trois prochaines actions :

- ....

- ....

- ....

Pour répondre aux questions du modèle. Notez vos trois prochaines actions :

- ....

- ....

- ....

Pour assurer sa mise à jour. Notez vos trois prochaines actions :

- ....

- ....

- ....

Les objectifs communs

Soyez précis sur les chiffres
qui pilotent la vie de votre équipe !

Décider d'objectifs communs est une bonne méthode
pour souder une équipe. Il faut être tous d'accord sur
ce qui est important et sur ce qui l'est moins.

Choisir ensemble six chiffres à atteindre à la fin du
trimestre n'est pas si facile. Pour y arriver en quelques heures seulement, il faut suivre une méthode.

Prenez comme point de départ la charte de la mission
de l'équipe ou sa stratégie ou les objectifs choisis par
des équipes comparables au sein de votre entreprise.

Posez-vous les bonnes questions

Testez la qualité de vos objectifs communs actuels :

- avez-vous actuellement au moins trois objectifs
  communs mesurés tous les trimestres ?
- ces objectifs sont-ils clairement classés par ordre
  de priorité ?

- avez-vous l'impression que vous avez bien une chance sur deux de les atteindre ?
- ont-ils été acceptés formellement, signés par tous ?

Témoignages

« [...] Nous avons d'abord fait semblant d'avoir des objectifs, mais ils n'étaient pas mesurables en valeur monétaire ou en valeur physique. Ce n'étaient donc pas des objectifs. »

« [...] C'est sans doute ce qui a été le plus difficile dans notre unité : nous mettre tous d'accord sur les chiffres à atteindre en fin d'année. Mais une fois que cela a été fait, quel soulagement et quelle différence dans le travail. »

« [...] Nous avons cru avoir des objectifs. Ils étaient mesurables, mais les chiffres à atteindre étaient soit trop difficiles, soit trop faciles. Ce n'est que lorsque nous avons décidé de cibles que nous avons eu l'impression d'avoir une chance sur deux de les atteindre, que nous avons senti l'influence de cet outil sur notre motivation. »

« [...] Je crois que six objectifs, c'est trop. J'ai donc classé les objectifs par ordre d'importance, par ordre de priorité. »

Optimisez cet outil dans le cadre des différents programmes

La convention d'équipe

Voici des idées pour l'article « Nos objectifs communs » de votre convention de travail. Quelques exemples vécus de points convenus dans les équipes étudiées.

Nous nous engageons à :

- choisir ensemble des objectifs communs demandant un effort partagé ;
- choisir des objectifs qui puissent être mesurés tous les trimestres ;
- nous mettre d'accord sur les chiffres cibles suivants pour cette année.

Le Management Cockpit d'équipe

Le tableau de bord répondant à la question « Allons-nous atteindre nos objectifs communs ? » figure toujours au centre du mur noir du Management Cockpit de toute équipe bien organisée.

Les objectifs communs sont le point de départ pour choisir les indicateurs de performance qui doivent leur être subsidiaires. Chaque objectif doit avoir au moins trois facteurs causaux mesurés dans le Management Cockpit, pour donner une alerte précoce en cas de risque de ne pas les atteindre.

Intranet Indira et Outlook Jane

Les objectifs communs sont affichés sur la page d'ouverture du site Web de l'équipe.

Le plan d'équipe

Donner aux investisseurs internes vos objectifs chiffrés trimestriels est crucial, si vous ne voulez pas voir fondre rapidement les budgets qui vous sont confiés.

Fixez-vous des objectifs et mesurez vos performances

Voici un exemple vécu pour vous donner des idées :

- obtenir un consensus, en trois mois, sur les six critères clés de succès de notre équipe ;
- trouver, en trois mois, un moyen simple de les mesurer ;
- afficher, dans six mois, l'évolution des premières valeurs de ces critères dans notre salle de réunion.

Vos plans d'action

Pour organiser le séminaire d'équipe où seront choisis les objectifs chiffrés. Notez vos trois prochaines actions :

- ....
- ....
- ....

Pour fixer les valeurs cibles, à des niveaux comparables, aux meilleures équipes de votre entreprise.
Notez vos trois prochaines actions :

- ....

- ....

- ....

Pour mettre en place un système de mesure impartial.
Notez vos trois prochaines actions :

- ....

- ....

- ....

Les objectifs personnels

Éliminez les objectifs conflictuels

Chaque membre de l'équipe doit répondre à la question « Quels sont vos objectifs personnels ? ».

Si des objectifs personnels de membres de l'équipe peuvent entrer en conflit avec des objectifs communs, et c'est souvent le cas, mieux vaut le dire et être clair dès le départ.

Pour désamorcer les éventuels conflits, les règles du jeu entre le leader et les coéquipiers doivent être sans confusion et sans interprétation possible.

Posez-vous les bonnes questions

Testez les tensions potentielles :

■ avez-vous des objectifs, des intérêts personnels qui pourraient entrer éventuellement en conflit avec les objectifs et les intérêts de l'équipe ?

■ comment avez-vous organisé la séparation, les limites entre intérêts personnels et intérêts communs ?

Témoignages

« [...] J'aime bien que mon chef et que mes collègues sachent quels sont mes objectifs personnels. Cela rend les choses plus claires dès le départ et évite bien des malentendus. »

« [...] Je n'accepte pas d'objectifs sans que mes moyens soient aussi clairement définis. »

« [...] Il y a certains objectifs communs pour lesquels j'estime que je ne peux rien faire. Plutôt que de faire semblant d'y contribuer, je préfère le dire directement. »

« [...] En tant que dirigeant de cette équipe, je m'assure toujours que je n'ai pas de collaborateurs dont les objectifs personnels sont incompatibles avec ceux de l'équipe. Je leur demande donc clairement de me dire quels sont leurs objectifs. Je reçois toujours une réponse claire et franche. »

Optimisez cet outil dans le cadre des différents programmes

La convention d'équipe

Voici des idées pour l'article « Nos objectifs personnels » de votre convention de travail. Quelques exemples vécus de points convenus dans les équipes étudiées :

- mes objectifs personnels pouvant concerner l'équipe sont les suivants ;
- le temps que je peux consacrer à cette équipe limite à ;

- mes contraintes par rapport aux objectifs communs sont les suivantes ;
- j'accepte les objectifs communs suivants ;
- j'accepte les limites suivantes (budget, délai, utilisation des ressources) pour atteindre ces objectifs.

Le Management Cockpit d'équipe

Ce programme comporte souvent un tableau de bord, intitulé « Nos coéquipiers vont-ils atteindre leurs objectifs personnels ? », où sont affichés les objectifs individuels des principaux membres de l'équipe.

Il permet à tout le monde de savoir suffisamment tôt, si un coéquipier est en difficulté afin de pouvoir l'aider.

L'affichage simultané des objectifs communs et des objectifs individuels permet de rendre évident les conflits potentiels entre eux et de vérifier que, si les objectifs personnels des membres de l'équipe sont dans le « vert », presque automatiquement, les objectifs communs seront aussi dans le « vert ».

Intranet Indira et Outlook Jane

Les sites Web individuels des membres du réseau de partage de savoir Intranet Indira doivent afficher les objectifs personnels de leur titulaire.

Le plan d'équipe

L'investisseur potentiel dans un plan d'équipe veut toujours rencontrer personnellement l'équipe de management du projet afin de détecter les personnes dont les objectifs personnels seraient incompatibles avec les objectifs des investisseurs internes.

Fixez-vous des objectifs et mesurez vos performances

Le nombre de conflits interpersonnels dans l'équipe est un indicateur fiable de la réconciliation des objectifs des membres.

Vos plans d'action

Pour séparer les intérêts divergents. Notez vos trois prochaines actions :

- ....
- ....
- ....

Pour réconcilier les intérêts divergents. Notez vos trois prochaines actions :

- ....
- ....
- ....

Le leader d'équipe

Organisez le leadership, c'est possible !

Le leader fait l'équipe : une équipe sans chef fonctionne moins bien. Beaucoup de bonnes équipes ont un chef d'équipe. Etre un leader, c'est souvent naturel ; on l'est ou on ne l'est pas. Mais le leadership peut aussi se penser, se programmer et s'organiser.

D'autre part, avant d'accepter de travailler avec un chef, les membres potentiels de son équipe doivent savoir à quoi ils s'exposent, où va la personne qu'ils s'apprêtent à suivre, quels sont ses objectifs et ses plans personnels.

Posez-vous les bonnes questions

Testez votre leader :

- connaissez-vous clairement ses objectifs ?
- vous a-t-il donné les objectifs de son propre supérieur ?
- comment jugez-vous la force de son leadership, de son influence ?

Répondez de 1 (très faible) à 5 (très fort).

■ par quelle méthode vous influence-t-il le plus souvent ?

Répondez de 1 (consensus total) à 5 (autorité totale).

Témoignages

« [...] Avant d'accepter de faire partie de ce projet, j'ai rencontré le responsable. Je lui ai demandé ses objectifs précis et comment il voyait sa mission. Il n'a pas su me répondre clairement. J'ai donc décliné sa proposition et j'ai choisi de rejoindre une autre équipe. »

« [...] J'aime bien savoir qui est le numéro deux de mon chef. Quand il n'est pas disponible, on sait à qui s'adresser et puis j'ai plus confiance en quelqu'un qui sait prendre du recul et déléguer les tâches quotidiennes. »

« [...] Je vérifie toujours que mes objectifs personnels sont compatibles avec ceux de ma hiérarchie. Pour cela, il suffit de leur demander clairement quels sont les chiffres et les étapes qu'ils veulent atteindre en fin de trimestre. »

« [...] J'aime bien travailler pour quelqu'un qui sait où il va et qui le prouve en le mettant noir sur blanc. »

Optimisez cet outil dans le cadre des différents programmes

La convention d'équipe

Voici des idées pour l'article « Comment allons-nous organiser le leadership ? » de votre convention de travail. Quelques exemples vécus de points convenus dans les équipes étudiées :

- nous acceptons ...... comme leader de cette équipe ;
- nous sommes avertis qu'il a reçu de son patron les objectifs suivants ;
- nous sommes avertis qu'il s'est fixé les objectifs personnels suivants ;
- nous sommes avertis qu'il exprime sa mission dans les termes suivants ;
- nous sommes avertis qu'en cas de non-disponibilité, il a choisi ...... pour exercer ses responsabilités.

Le Management Cockpit d'équipe

Le leader décide de la stratégie de l'équipe, lance les paris et prend les risques. Il choisit parmi toutes les activités celles qu'il va initier et celles qu'il va abandonner pour s'adapter au marché interne.

Cette stratégie doit être évidente, dès que l'on lit les tableaux de bord affichés dans la salle de réunion de l'équipe et les indicateurs qui y sont présentés. En visitant un Management Cockpit d'équipe, on doit facilement deviner qui en est le leader et quelles options il a prises.

Intranet Indira et Outlook Jane

Le site individuel d'un leader d'équipe doit être particulièrement soigné et indiquer clairement ses objectifs. Le visiteur doit avoir envie de suivre une personne qui a réalisé un site de cette qualité.

Le leader est le premier à donner l'exemple d'un site Web individuel fourmillant d'informations utiles à ses collaborateurs.

Il est le premier à remplir précisément et à ouvrir son agenda et son carnet d'adresses aux coéquipiers.

Le plan d'équipe

Le leader remplit la partie du questionnaire du plan qui informe les investisseurs internes sur la stratégie de l'équipe à financer. C'est souvent lui qui propose les réponses aux principales questions du plan.

Fixez-vous des objectifs et mesurez vos performances

Les indicateurs à mesurer sont, par exemple :

- avoir réussi, dans trois mois, à confronter les objectifs personnels de chaque membre de l'équipe et les avoir conciliés et consolidés autour de ceux du leader ;
- le numéro deux du chef est connu et le rôle de chacun est précisé ;
- diminuer le nombre de conflits par plus ou moins d'autorité ou de consensus du leader.

Vos plans d'action

Pour détecter les espaces noirs : conflits potentiels d'objectifs dans l'équipe. Notez vos trois prochaines actions :

■ ....

■ ....

■ ....

Pour détecter les espaces blancs : activités sans objectif. Notez vos trois prochaines actions :

■ ....

■ ....

■ ....

L'agenda d'équipe

Qui fait quoi et quand ?

Dans une vraie équipe, tout le monde doit savoir ce que font les coéquipiers, plus ou moins précisément selon la responsabilité de l'équipe. Dans la relation pilote-copilote d'un avion, il n'y a pas d'excuse à cette règle. Il ne doit donc pas y en avoir non plus dans une équipe qui a des responsabilités importantes.

L'agenda commun est de plus en plus utilisé pour organiser la transparence dans l'équipe. Il n'y a pas de crime à savoir ce que fait l'autre quand c'est professionnel et quand c'est au sein d'une équipe.

L'investissement en temps de chacun, pour remplir son agenda avec précision, est toujours un bon investissement en ce qui concerne la productivité d'équipe.

Posez-vous les bonnes questions

Testez votre esprit d'équipe et votre solidarité actuels :

- comment faites-vous actuellement pour que vos coéquipiers sachent ce qu'ils doivent savoir sur votre emploi du temps ?

- qu'accepteriez-vous de communiquer aux personnes qui travaillent avec vous à propos du lieu où vous travaillez, sur quel dossier vous travaillez et avec qui ?

- en tant que responsable d'une équipe ou d'un projet, qu'imposez-vous comme règles à vos subordonnées sur la transparence de leur emploi du temps ?

Témoignages

« [...] Je n'ai pas trop aimé cette méthode de l'agenda ouvert, que pourtant beaucoup d'autres équipes utilisent. Cela prend du temps et demande beaucoup de discipline. »

« [...] C'est devenu une habitude pour nous. On dit clairement aux copains ce que l'on fait. Pour voler en escadrille sans danger, il faut que tous sachent où les autres sont, avec qui et pourquoi. C'est un minimum de professionnalisme. »

« [...] Nous utilisons la méthode à moitié. On dit aux autres où l'on est mais pas ce que l'on fait. C'est une sorte de tableau des présences plus qu'un agenda partagé. »

« [...] Nous utilisons cette méthode, mais la moitié des périodes est catégorisée "Travaux personnels". »

« [...] C'est une méthode indispensable pour un groupe de travail qui doit fortement interagir mais qui ne peut pas se voir tous les jours. »

Optimisez cet outil dans le cadre des différents programmes

La convention d'équipe

Voici des idées pour l'article « Comment allons-nous organiser notre agenda commun ? » de votre convention de travail. Quelques exemples vécus de points convenus dans les équipes étudiées.

Nous nous engageons, par exemple, à :

- mettre tous ce que nous faisons dans notre agenda partagé ;
- ne pas utiliser d'autre agenda que cet agenda partagé ;
- indiquer dans l'agenda, pour chaque session de travail qui pourrait concerner un ou plusieurs membres de l'équipe, le lieu, l'horaire, le dossier travaillé, les interlocuteurs ;
- n'utiliser la catégorie « Privé » que pour les tâches qui ne peuvent concerner aucun autre membre de l'équipe.

Le Management Cockpit d'équipe

La transparence est indispensable dans une équipe. Les résultats doivent être affichés et connus, tout comme les activités qui mènent à ces résultats.

Le temps passé par les membres à un projet, à un processus, face à un client est déjà un résultat important à connaître et à gérer.

Seul l'agenda commun permet cette transparence et l'alimentation des tableaux de bord qui suivent la réalisation des activités.

Outlook Jane

Ce programme de travail en équipe, dans sa fonction de calendrier, organise l'agenda commun. Toutes les plages de temps sont classées en différentes catégories et rendues accessibles ou non aux autres membres de l'équipe.

Le plan d'équipe

Un leader sérieux demande toujours à savoir qui va faire quoi dans l'équipe et pendant combien de temps. Le temps va-t-il être dépensé pour telle ou telle activité critique ? Le temps des membres de l'équipe est la principale ressource du leader, la plus chère aussi. Sans son contrôle, l'équipe n'est pas dirigée.

Fixez-vous des objectifs et mesurez vos performances

Deux exemples classiques :

- Savoir, à tout moment, où se trouvent vos coéquipiers, en consultant simplement leur agenda.
- Former tous les membres de l'équipe à l'usage d'Outlook en réseau ou de Lotus Notes.

Votre plan d'action

Pour former l'équipe à l'usage de l'agenda électro-nique en réseau. Notez vos trois prochaines actions :

- ....

- ....

- ....

Les informations d'équipe

Tenez-vous informé

Vous devez savoir ce que vous estimez devoir savoir. L'information, ressource essentielle, est la plus souvent négligée. Vous consultez dix fois le budget qui vous est alloué, mais n'examinez pas la qualité de l'information que l'entreprise vous donne pour exécuter ce qu'elle vous demande de faire.

Le moyen le plus simple d'estimer votre besoin en information est de choisir en équipe les questions dont la réponse est indispensable pour bien fonctionner, de demander ensuite à votre entreprise d'y répondre par son système de reporting. Si vous n'obtenez pas de réponse de l'entreprise, choisissez les indicateurs de performance qui répondent à ces questions et mesurez-les vous-même.

Allons-nous atteindre nos objectifs ? Réduisons-nous nos coûts ? Augmentons-nous la qualité de nos résultats ? Allez-y, inventez vos questions !

Posez-vous les bonnes questions

Testez la qualité de l'information et les réponses à vos questions que vous donne votre entreprise et son reporting :

- comment jugez-vous les informations que vous recevez actuellement de votre chef, de votre entreprise ? Répondent-elle à vos questions les plus fréquentes ?

- comment vous est présenté le reporting d'entreprise ? Est-il aisé d'y trouver les informations complètes qui concernent votre équipe ou votre projet, vos indicateurs de performance et de suivi ?

Témoignages

« [...] Je contrôle la qualité des informations que notre entreprise donne à mon équipe. Le reporting d'entreprise doit répondre à nos questions et ne pas être le simple produit d'additions financières ou de production. »

« [...] Cela a été l'un des très bons exercices de notre séminaire d'équipe. On nous a demandé de nous mettre d'accord sur douze questions dont nous avons besoin de connaître la réponse pour remplir notre mission. En moins d'une heure, nous avons décidé. Ce qui ne nous a pas surpris est que les informations de nos reporting ne répondaient qu'à la moitié de ces questions. Il a donc fallu mettre en place de nouvelles mesures. »

« [...] Toute équipe doit être soucieuse de diminuer ses
coûts, d'augmenter ses revenus ou ses budgets, d'accroître
sa productivité et sa qualité, de satisfaire ses clients
internes, d'assurer le suivi de ses projets. Ce sont des
secteurs d'information pour lesquels nous avons besoin
d'au moins trois indicateurs de performance chacun. »

Optimisez cet outil dans le cadre des différents programmes

La convention d'équipe

Voici une idée pour l'article « Les informations dont
nous avons besoin » de votre convention de travail.

Nous convenons que la réponse aux douze questions
suivantes est nécessaire à notre bonne information
commune :

Questions	Réponses
1.	
2.	
3.	
etc.	

Le Management Cockpit d'équipe

Vous avez dans la première partie de ce livre un
modèle de Management Cockpit d'équipe avec des
suggestions de questions que la plupart des équipes

doivent se poser. Il vous donne des idées sous forme d'une liste des questions favorites d'autres équipes. À vous de choisir les vôtres et d'en ajouter d'autres.

Intranet Indira et Outlook Jane

Les questions dont la réponse est indispensable à l'équipe pour exercer ses responsabilités sont les titres des tableaux de bord affichés sur le site Web de l'équipe. Les sites Web individuels apportent la réponse à ses questions en affichant les valeurs des indicateurs qui garnissent ces tableaux de bord.

Le plan d'équipe

Le plan d'affaires d'une équipe ambitieuse réclame plus de ressources en échange de promesses de plus de résultats. L'une de ces principales ressources est l'information. Le plus simple est de demander, dans votre plan, la réponse à douze questions précises que vous aurez choisies.

Fixez-vous des objectifs et mesurez vos performances

Des exemples d'objectifs mesurables :
- Avoir défini et approuvé ensemble au moins douze questions dont vous avez besoin de la réponse pour progresser ;
- Avoir réorganisé, avec un simple tableur, les rapports financiers et non financiers reçus de votre en-

treprise pour que la présentation soit plus claire et plus adaptée à vos besoins ;

■ Pour chaque question restée sans réponse, mesurer un nouvel indicateur tous les trois mois.

Vos plans d'action

Pour améliorer l'organisation et la présentation des informations que vous recevez actuellement. Notez vos trois prochaines actions :

■ ....

■ ....

■ ....

Pour obtenir les réponses à vos questions restées sans réponse par les moyens habituels. Notez vos trois prochaines actions :

■ ....

■ ....

■ ....

Les dossiers communs

Un dossier n'appartient jamais à une seule personne !

Pour mieux organiser le travail commun, il faut différencier les sujets partagés des sujets individuels.
Chaque dossier commun doit avoir un nom unique et
connu de tous. Les dossiers communs doivent être
facilement accessibles par tous, de n'importe où et 24
heures sur 24.

Rendre le savoir collectif est le moyen de se prémunir
contre les départs de personnes qui emportent leur
savoir et leurs relations.

Posez-vous les bonnes questions

Évaluez votre usage actuel de cet outil :

- quelles règles appliquez-vous pour mettre en commun les savoirs, les documents qui pourraient être
  utiles à plusieurs membres du groupe de travail ?

■ comment vous organisez-vous pour rendre les dossiers communs facilement accessibles à tous, tout le temps et de n'importe où ?

Témoignages

« [...] Dès que deux personnes doivent contribuer à un dossier, nous en faisons un dossier commun. »

« [...] Tout le monde peut travailler sur un dossier commun, mais il faut malgré tout un responsable principal par dossier qui, de temps en temps, y met de l'ordre et corrige les erreurs des personnes qui y ont travaillé sans respecter les règles. »

« [...] Ce qui est le plus difficile, c'est de convaincre les gens que, s'ils font quelque chose sur un sujet, ils doivent le mettre dans le dossier concerné pour que tout le monde soit au courant. »

« [...] Nous faisons la chasse aux dossiers cachés, aux dossiers que leurs propriétaires rendent difficilement accessibles aux autres en les gardant dans un bureau ou dans un ordinateur. »

« [...] Dans notre équipe, il n'y a pas de dossier privé, c'est un pour tous, tous pour un. »

Optimisez cet outil dans le cadre des différents programmes

La convention d'équipe

Voici une idée pour l'article « Nos dossiers communs » de votre convention de travail.

Nous convenons que les dossiers suivants sont communs et sont gérés par l'équipe :

Nom du dossier	Coordinateur

Le gestionnaire principal, le coordinateur du dossier, accepte de le rendre accessible à tous les membres de l'équipe, facilement et en continu.

Le Management Cockpit d'équipe

Chacun des douze tableaux de bord d'un Management Cockpit d'équipe est un dossier commun auquel tous contribuent. Il y a un seul coordinateur par tableau de bord.

Intranet Indira et Outlook Jane

Les dossiers communs sont répertoriés dans le site Web d'équipe. Tous les dossiers communs sont informatisés et protégés par un mot de passe d'équipe afin d'être accessible de n'importe quel endroit, à tout moment, en toute confidentialité.

Dans Outlook Jane, les noms des dossiers communs font partie du menu déroulant de la rubrique « Sujet » des messages afin de faciliter le choix des thèmes.

Le plan d'équipe

Chacune des vingt-deux questions du plan d'affaires d'une équipe (voir p. 82) est un dossier commun.

Chaque coéquipier doit apporter une contribution à la réponse, qui évolue en fonction des situations auxquelles l'équipe fait face.

Fixez-vous des objectifs et mesurez vos performances

Inspirez-vous des exemples suivants ou trouvez vos propres indicateurs :

- Avant trois mois, avoir choisi et donné un nom et une localisation à tous les dossiers qui doivent être mis en commun.
- Rendre tous les dossiers communs accessibles en permanence.
- Rendre tous les dossiers communs accessibles de n'importe où.
- N'enregistrer aucune plainte de dossiers communs inaccessibles pendant les six prochains mois.

Votre plan d'action

Pour désigner un coordinateur par dossier commun. Notez vos trois prochaines actions :

- ....
- ....
- ....

Les projets communs

Une équipe, c'est au moins un projet commun

Un projet d'équipe, cela s'organise strictement ! C'est au moins un projet qui réclame l'effort coordonné de tous. Les activités et les tâches d'une équipe sont plus efficaces si elles sont organisées comme un véritable projet avec des résultats vérifiables, un planning précis et des ressources allouées à chaque tâche.

Un projet sert à organiser les tâches des membres de l'équipe qui, sans cela, seraient disparates et mal coordonnées.

Un projet se suit plus facilement, se pilote plus aisément que d'autres activités. En revanche, il demande un certain travail de préparation, de formalisation, mais aussi un logiciel, des graphiques de suivi, ainsi qu'un chef de projet, etc.

Pour de petits projets d'équipe, la méthode est simple. À partir du résultat attendu, listez toutes les tâches à réaliser pour y arriver. Si le projet est long, prévoyez de livrer, tous les trois mois, un produit ayant déjà une valeur propre.

Pour chaque tâche, établissez une fiche décrivant sa réalisation : qui, quand et avec quoi ? Envoyez ensuite ces fiches au gestionnaire de tâches d'Outlook de leur responsable.

Posez-vous les bonnes questions

En répondant aux questions suivantes, testez votre organisation du travail, votre coordination des tâches actuelles :

- par quelle méthode coordonnez-vous actuellement les tâches et les activités des divers membres du groupe de travail ?

- comment organisez-vous et catégorisez-vous personnellement vos tâches afin que vos proches collaborateurs puissent coordonner les leurs avec les vôtres sans trop devoir vous interrompre ?

- quel est le projet d'équipe actuel qui demande l'effort coordonné de tous pour réussir ?

Témoignages

« [...] La méthode du projet est la meilleure façon d'organiser les tâches des personnes travaillant ensemble. »

« [...] Dans notre groupe de travail, si une activité ne fait pas partie d'un projet ou d'un processus, elle est supprimée. »

> « [...] Nous utilisons un logiciel de gestion de projet très simple. C'est le gestionnaire de tâches d'Outlook. Toutes les tâches répertoriées sont catégorisées au nom d'un projet et attribuées à une personne responsable de sa réalisation. »
>
> « [...] Nous consacrons un site Web Intranet spécialisé par projet important... »
>
> « [...] Nous utilisons les indicateurs classiques pour mesurer les performances de responsables de projet : livraisons à temps des produits intermédiaires, respect des budgets, besoins en ressources acquis à temps, reporting de projet envoyé à temps. »

Optimisez cet outil dans le cadre des différents programmes

La convention d'équipe

Voici des idées pour l'article « Nos projets communs » de votre convention de travail. Quelques exemples vécus de points convenus dans les équipes étudiées.

Nous convenons de ce qui suit pour les projets communs :

Les étapes et les ressources du projet sont gérées en équipe. Les tâches dans les agendas partagés sont catégorisées au nom du projet auquel elles appartiennent. Toutes nos activités doivent faire partie soit d'un projet, soit d'un processus. Tous nos projets auront :

- une date de début ;
- une date de fin ;
- un résultat tangible et vérifiable ;
- des ressources calculées ;
- des livraisons intermédiaires bien définies ;
- une liste complète des tâches ;
- une fiche pour chaque tâche avec ressources allouées et planning.

Le Management Cockpit d'équipe

Un Management Cockpit classique affiche un grand tableau de bord intitulé « Comment vont nos grands projets ? ». Chaque responsable de projet envoie chaque mois au *Cockpit Officer,* ou directement au logiciel qui gère le programme, un diagramme de Gantt qui donne une idée précise à tous de l'avancée, bonne ou non, du projet.

Intranet Indira et Outlook Jane

Chaque responsable de projet affiche, sur son site Web, les graphiques et les visuels montrant le statut de son projet pour ne pas être dérangé constamment par des questions du type « Alors, ça va votre projet ? ». Si le projet est important, il existe des modèles de site Web prêts à supporter la gestion d'un projet.

Avec Outlook Jane, tous les membres de l'équipe apprennent à mettre la liste des choses à faire dans le gestionnaire de tâches et à catégoriser chaque action au nom d'un projet ou d'un processus.

Le plan d'équipe

Une question type d'un plan d'affaires, dont les commanditaires internes attendent sûrement la réponse, est « Quels sont vos projets, si nous vous confions un budget plus important ? ».

Fixez-vous des objectifs et mesurez vos performances

Des exemples vérifiables :

- Avoir toujours au moins un projet commun en cours.
- Suivre les projets d'équipe sur diagramme, affiché chaque mois dans la salle d'équipe.
- Tous les membres tiennent à jour leur gestionnaire de tâches personnel et le tiennent à la disposition de tous les collaborateurs.

Votre plan d'action

Pour choisir le projet impliquant tous vos coéquipiers. Notez vos trois prochaines actions :

- ....
- ....
- ....

Pour réorganiser le projet commun principal comme un vrai projet professionnel, informatisé. Notez vos trois prochaines actions :

- ....
- ....
- ....

Le tableau d'affichage

Affichez, affichez, affichez !

Certaines informations doivent être connues de tous, mais pas nécessairement envoyées à tous. Certaines informations doivent être poussées vers l'utilisateur, d'autres peuvent simplement être à disposition à un endroit convenu. Ce sont des informations dont vous connaissez l'existence mais que vous irez chercher vous-même au moment opportun. Ces informations d'intérêt public sont alors affichées par sujet, comme un journal.

Trop d'informations sont encore envoyées par mail, alors qu'elles devraient être simplement transférées sur un site facile d'accès.

Dans beaucoup d'équipes bien organisées, les nouvelles qui doivent être connues de la majorité des membres de l'équipe sont affichées sur un tableau physique, accroché à un mur devant lequel beaucoup de monde passe ou sur un tableau virtuel sur le site Web de l'équipe.

Cette méthode permet de désencombrer les boîtes de messages. Vous ne poussez pas l'information vers les gens, ils doivent la tirer vers eux. Beaucoup d'erreurs de communication se font sur un mauvais choix entre les informations qui doivent être poussées et celles qui peuvent être tirées.

Posez-vous les bonnes questions

Faites d'abord votre bilan atuel :

- quelles méthodes utilisez-vous pour diffuser au sein de votre groupe les nouvelles générales qui pourraient concerner l'équipe ?
- dans votre groupe de travail, quelle forme avez-vous donné au journal d'équipe ou de projet ?

Témoignages

« [...] En quittant mon bureau, je passe toujours devant notre tableau d'affichage et je jette un coup d'œil aux nouvelles sur les deux sujets qui m'intéressent. »

« [...] Nous avons choisi neuf sujets chauds pour notre équipe et nous avons donné à chacun une surface égale sur notre affichage public. Tout le monde peut y mettre des messages succincts, pas plus de quelques mots, pour informer leurs collègues. »

« [...] C'est un excellent moyen de désencombrer nos messageries des nombreux messages en copie. »

« [...] Nous utilisons ce tableau pour y afficher les questions dont l'un des membres de l'équipe cherche la réponse. »

« [...] Comme nous n'avons pas trouvé d'endroit où tout le monde passe, nous avons créé un tableau virtuel qui s'affiche à l'ouverture de l'ordinateur. Une sorte de journal pour l'équipe. »

Optimisez cet outil dans le cadre des différents programmes

La convention d'équipe

Voici une idée pour l'article « La diffusion des informations générales » de votre convention de travail.

La surface d'affichage de ce tableau est divisée en sujets dont les noms sont : Alpha, Bêta, Gamma.

Ce tableau journal sera affiché sur le site de l'équipe.

Le Management Cockpit d'équipe

La plupart des Managements Cockpits d'équipe comportent un tableau blanc où les nouvelles importantes de la semaine sont notées.

Beaucoup d'équipes affichent leur Management Cockpit mensuel dans la salle d'équipe ou le publient sous la forme d'un journal interne.

Intranet Indira et Outlook Jane

Le tableau d'affichage public des équipes dispersées est publié sur le site Web de l'équipe avec, éventuellement, divers niveaux de confidentialité.

Le plan d'équipe

Un plan d'équipe précise toujours comment seront récoltées et distribuées les nouvelles importantes à l'ensemble de l'équipe.

Fixez-vous des objectifs et mesurez vos performances

À vous de choisir :

■ Diminution du nombre de mails en copie envoyés à tous.

■ Augmentation du nombre de visites ou d'abonnés au site Web de l'équipe.

■ Nomination d'un coordinateur pour le tableau d'affichage.

Vos plans d'action

Pour créer et alimenter le site/journal. Notez vos trois prochaines actions :

■ ....

■ ....

■ ....

Pour établir les règles de ce qui doit être affiché et de ce qui ne doit pas l'être, et dans quelles catégories de nouvelles. Notez vos trois prochaines actions :

■ ....

■ ....

■ ....

Les tableaux de bord et les indicateurs de performance

Faites confiance, mais vérifiez !

On ne peut pas améliorer ce que l'on ne peut pas mesurer !

Pour qu'une équipe fonctionne bien, il faut qu'elle ait choisi ses principaux indicateurs de performance, ses facteurs critiques de succès. Il lui faut au moins autant d'indicateurs financiers que non financiers, autant d'indicateurs de résultats que de suivi.

Vous trouverez facilement dans les livres de management des modèles de tableaux de bord tout faits, prêts à l'emploi par métier, par fonction. Il vous faudra, bien entendu, les adapter à votre situation. Mais, au moins, vous aurez une base de départ.

Posez-vous les bonnes questions

Vous suivez certainement déjà des indicateurs de performance. Testez-les en répondant à ces questions :

■ quels sont actuellement vos principaux facteurs de succès, vos principaux indicateurs de performance, en dehors de vos objectifs financiers ou de production ?

■ à quels changements mesurables verrez-vous que vos projets d'amélioration sont sur la bonne voie ?

■ quels sont les indicateurs opérationnels et de comportement qui sont les facteurs explicatifs de vos résultats financiers et de production ?

Témoignages

« [...] On ne peut pas améliorer ce que l'on ne peut pas mesurer. Ce qui est mesuré est fait. »

« [...] Afficher les performances sur lesquelles tout le monde est d'accord sur leur importance. C'est ce qui nous rend solidaires. »

« [...] Nous avons des indicateurs financiers et de production. Nous y avons ajouté des indicateurs d'activité. J'ai confiance, mais je vérifie. Il n'y a pas de crime à savoir. »

« [...] Nous avons décidé que les douze indicateurs de performance et facteurs clés de succès seront affichés dans notre salle de réunion. »

Optimisez cet outil dans le cadre des différents programmes

La convention d'équipe

Voici une idée pour l'article « Nos indicateurs de performance » de votre convention de travail.

	Nos principaux facteurs de succès
1.	
2.	
Etc.	

Le Management Cockpit d'équipe

Un Management Cockpit d'équipe est un ensemble cohérent de vingt-quatre à trente-six indicateurs de performance en trois niveaux liées, de cause à effet : indicateurs financiers, résultats non financiers, indicateurs d'activité.

Intranet Indira et Outlook Jane

Les équipiers affichent, sur leur site Web individuel, les valeurs actualisées des indicateurs de performance dont ils assurent la gestion. Si Intranet Indira est en place, votre moteur de recherche les retrouvera facilement pour vous composer un véritable tableau de bord à la demande.

Le plan d'équipe

Un investisseur interne demande toujours à voir, dans le plan d'équipe, les principaux facteurs de succès que vous allez mesurer et publier.

Fixez-vous des objectifs et mesurez vos performances

Vos progrès sont faciles à mesurer. Par exemple :

- avoir mesuré trois nouveaux indicateurs de succès et d'amélioration de comportements dans les trois mois ;
- avoir trouvé trois facteurs causaux, explicatifs, prédictifs de l'atteinte de vos objectifs.

Vos plans d'action

Pour choisir ensemble les principaux facteurs de succès de votre équipe. Notez vos trois prochaines actions :

- ....
- ....
- ....

Pour mettre en place les méthodes de mesure de vos principaux facteurs de succès. Notez vos trois prochaines actions :

- ....

- ....

- ....

Les compétences disponibles

Coordonnez les compétences de votre équipe

Chacun doit connaître de manière détaillée la liste des compétences disponibles au sein de son organisation. Toutes les compétences doivent y figurer, avec le niveau de chacun.

Quiconque veut être membre d'une vraie équipe doit apprendre à utiliser une liste de compétences techniques ou humaines et à s'y estimer honnêtement entre une et trois étoiles. En général, on dénombre quarante-huit compétences type dans les modèles.

Le leader doit distinguer les compétences habituellement utilisées, qu'il se doit d'avoir au sein de son équipe, des compétences moins fréquemment utiles, qu'il doit avoir à disposition de temps en temps au sein de l'entreprise.

Posez-vous les bonnes questions

Répondez à ces questions :

■ Êtes-vous prêt à mieux servir votre groupe de travail en rendant public votre propre cotation (de 1 à 3) pour les quarante-huit compétences de base d'un manager ?

■ Avant d'accepter une mission ou un objectif, avez-vous pris le temps de vérifier que l'on vous en donnait les moyens en termes de compétences mises à votre disposition et de temps ?

■ Avez-vous le courage nécessaire pour réorganiser l'équipe que l'on vous donne en vous séparant des compétences inutiles à votre mission ? Pour ne pas accepter une mission si vous n'avez pas à disposition toutes les compétences que vous estimez nécessaires ?

Témoignages

« [...] Pour répertorier toutes les compétences que nous avons dans le groupe, nous utilisons une liste très détaillée reprenant toutes les compétences possibles. Si vous vous estimez très compétent dans un secteur, vous vous donnez trois étoiles et ainsi de suite. »

« [...] J'ai distribué à tout le monde la liste classique des quarante-huit compétences et je leur ai demandé de s'évaluer de une à trois étoiles pour chacune. J'ai comparé ces réponses avec la liste de compétences dont nous avons besoin pour faire notre travail. Ces deux listes ne correspondaient pas. Nous avions dans notre équipe des compétences dont nous n'avions pas besoin alors que d'autres nous manquaient cruellement. »

« [...] Nous avons convenu que tout le monde afficherait la liste de ses compétences sur son site Intranet personnel.

> *Quand j'ai besoin d'une compétence, je tape son nom dans le moteur de recherche et en deux secondes, j'ai les noms de deux ou trois personnes qui ont au moins trois étoiles pour cette compétence. »*

Optimisez cet outil dans le cadre des différents programmes

La convention d'équipe

Voici une idée pour l'article « Nos compétences » de votre convention de travail. Nous acceptons de remplir la liste de nos compétences et de la maintenir à jour.

	Nom	Type	Niveau
Compétences techniques			
Logiciels			
Langage			
Finance			
Commerciale			
Administrative			
Processus			
Compétence de gestion			
Négociation			
Gestion des personnes			
Gestion des projets			

Le Management Cockpit d'équipe

Chaque indicateur de performance, dans son descriptif, comporte le ou les noms des personnes compétentes pour en améliorer la valeur.

Intranet Indira et Outlook Jane

Chacun affiche ses compétences sur son site, à partir d'un modèle de liste des quarante-huit compétences classiques.

Le plan d'équipe

Les investisseurs avertis vérifient toujours que, pour mener à bien votre projet, vous avez pris la précaution de vous assurer à long terme la disponibilité de toutes les compétences et capacités nécessaires.

Fixez-vous des objectifs et mesurez vos performances

Mesurez des résultats tangibles à atteindre. Par exemple :

- toutes les compétences dont nous avons besoin pour réussir sont garanties le temps nécessaire ;

- aucune personne de notre équipe ne possède comme compétence principale ou unique une capacité qui nous est inutile ;

- tous les membres de notre groupe ont rempli leur liste de compétences.

Vos plans d'action

Pour faire correspondre les compétences dont vous avez besoin avec celles que vous avez à disposition. Notez vos trois prochaines actions :

- ....

- ....

- ....

Pour identifier les compétences dont vous aurez besoin plus rarement et qui doivent être localisée plutôt dans l'entreprise que dans l'équipe. Notez vos trois prochaines actions :

- ....

- ....

- ....

Les références communes

Documentez, référencez vos activités !

Vous avez à votre disposition une bibliothèque dont vous n'imaginez même pas la valeur. Les statistiques montrent qu'une personne possède au moins dix documents de référence qu'elle connaît bien. Si vous mettez tout ceci en commun en répertoriant et en publiant cette liste, cela deviendra un incomparable outil de travail d'équipe.

L'outil est simple : chacun met sur la liste commune ses propres documents, ses propres références avec commentaires et localisation.

Posez-vous les bonnes questions

■ Avez-vous fait la liste de toutes les références dont votre équipe a besoin pour réussir sa mission : contrats, modes d'emploi, listes, procédures, bases de données, etc. ?

■ Avez-vous demandé à toutes les personnes avec qui vous travaillez de mettre à votre disposition automatiquement tous les documents et références qu'elles jugent pouvoir vous être également utiles ?

Témoignages

« [...] Nous avons été étonnés du nombre de documents, contrats, références, manuels, livres que les membres de notre équipe connaissent et utilisent. »

« [...] Je n'ai eu aucune difficulté à obtenir une liste complète de tous les ouvrages que nos collaborateurs utilisent régulièrement, ni à obtenir un commentaire sur l'utilité et la localisation de chacun d'eux. »

« [...] Avec Intranet Indira, cette liste est publique et le moteur de recherche me trouve tous les documents, références, contrats dont j'ai besoin avec le commentaire de celui qui le connaît le mieux, l'endroit où il se trouve et son mode d'accès. »

Optimisez cet outil dans le cadre des différents programmes

La convention d'équipe

Voici des idées pour l'article « Nos références communes » de votre convention de travail. Quelques exemples vécus de points convenus dans les équipes étudiées.

Nous nous engageons à :

- faire chacun la liste des dix documents qui nous sont les plus utiles personnellement pour notre travail ;

- accompagner chaque document d'un commentaire renseignant les membres de l'équipe sur la qualité et l'utilité de ce document ;

- indiquer la localisation et le mode d'accès de chaque document ;

- publier chacun cette liste personnelle sur notre site Intranet afin de la rendre publique à l'équipe ;

- classer nos documents de travail sous les catégories suivantes : manuel d'utilisation d'équipement, contrat client, contrat fournisseur, référence de savoir, procédures internes, etc.

Le Management Cockpit d'équipe

Le Management Cockpit est le document de référence le plus important de l'équipe. Le *Cockpit Officer* en est le gardien.

Intranet Indira

Ce programme est, entre autres, une base de documents décentralisée.

Le plan d'équipe

Un projet ne part jamais de rien. Une équipe commence toujours son travail sur des bases solides, avec un passé, des références.

Un article du plan présente à l'investisseur ou à la hiérarchie de l'équipe les documents, les références et les contrats sur lesquels est basé son projet.

Fixez-vous des objectifs et mesurez vos performances

■ Diminuer le temps de recherche de références dans votre équipe et diminuer les plaintes à ce sujet.

■ Faire la liste des localisations précises des vingt documents de référence jugés les plus utiles pour remplir vos responsabilités.

Votre plan d'action

Pour faire la liste et localiser vos références. Notez vos trois prochaines actions :

■ ....

■ ....

■ ....

Les contacts de l'équipe

Partagez vos contacts

Les contacts, les relations professionnelles individuelles doivent être mis en commun pour que l'on
puisse parler d'une équipe.

Partagez votre carnet d'adresses pour partager le
savoir, pour ne pas réinventer la roue, pour que les
contacts de votre équipe reçoivent un message cohérent, quel que soit l'équipier qui l'envoie.

L'outil est simple à utiliser : chaque contact de votre
propre liste de contacts personnels est catégorisé en
client, fournisseur, spécialiste de ceci ou cela, etc.,
puis mis en réseau, mis en commun.

Posez-vous les bonnes questions

- Seriez-vous prêt à partager votre carnet d'adresses
  professionnelles avec les membres de votre équipe
  à qui il pourrait être utile ?

- Seriez-vous prêt à imposer la mise en réseau des contacts professionnels dans votre équipe, même si certains de vos collaborateurs refusent de le faire ?
- Avez-vous un problème technique à utiliser les carnets d'adresses ouverts ?

Témoignages

« [...] Chacun de nous s'est engagé à catégoriser tous ses contacts enregistrés dans son carnet d'adresses soit comme "Privé", soit comme "Professionnel". Pour les contacts professionnels, nous avons choisi six catégories de contact. Tous nos contacts professionnels sont ainsi mis au réseau. »

« [...] Outlook enregistre toutes les activités significatives que nous avons avec un contact, une personne ou une entreprise : courrier, réunion, document échangé, etc. »

« [...] Avant de contacter un client ou un fournisseur, j'interroge Outlook pour savoir qui, dans notre équipe, a eu le dernier contact avec cette personne et les résultats de ce contact. Je n'aime pas passer pour un idiot et devoir avouer que notre équipe est mal organisée. »

« [...] C'est un client important pour nous. Avant de le contacter, je vérifie toujours les activités qu'ont eues mes collègues auparavant avec lui. »

« [...] Je cherchais un bon conseiller juridique. En examinant les carnets d'adresses de mes collègues à la recherche de la catégorie "Expert juridique de référence", j'ai trouvé que la plupart d'entre eux employaient le même depuis longtemps. J'ai donc décidé de commencer par celui-là. »

Optimisez cet outil dans le cadre des différents programmes

La convention d'équipe

Voici des idées pour l'article « Nos contacts » de votre convention de travail. Quelques exemples vécus de points convenus dans les équipes étudiées.

Nous nous engageons à :

- revoir notre liste personnelle de contacts et à catégoriser comme professionnel tous nos contacts qui pourraient être utiles à un autre membre de l'équipe ;

- à tenir un journal de toutes nos activités (messages, visites, échange de documents) individuelles avec ce contact professionnel ;

- à utiliser les catégories suivantes – Client interne, Client externe, Partenaire, Fournisseur, Conseiller, etc. – pour les contacts professionnels.

Le Management Cockpit d'équipe

Les clients, fournisseurs, compétiteurs et partenaires les plus importants ont toujours leurs indicateurs affichés dans un Management Cockpit d'équipe.

La qualité et le nombre des contacts avec leurs relations font l'objet de mesures de performance, notées dans les tableaux de bord.

Intranet Indira et Outlook Jane

Vos relations professionnelles et les informations que vous avez échangées avec elles font partie de votre savoir. Vous rendez ce savoir accessible à d'autres en le structurant sous forme d'une liste de contacts catégorisés et dont votre Outlook a enregistré les activités avec ces contacts.

Le plan d'équipe

L'investisseur, le sponsor, veut savoir quelles sont les relations dont l'équipe a besoin pour tenir ses promesses et comment elle va gérer ces relations.

Fixez-vous des objectifs et mesurez vos performances

Voici des cibles tangibles :

■ tous les membres de l'équipe ont catégorisé leurs contacts et ouvert leur carnet sur le réseau ;

■ tous les membres de l'équipe enregistrent les activités qu'ils ont avec leurs principaux contacts.

Vos plans d'action

Pour la réalisation technique du réseau de contacts et la formation des utilisateurs. Notez vos trois prochaines actions :

- ....
- ....
- ....

Pour la catégorisation des contacts de chacun. Notez vos trois prochaines actions :

- ....
- ....
- ....

La bible d'équipe

Résolvez de la même façon les problèmes récurrents !

Une bible d'équipe, ce sont des check-lists d'actions à mener pour résoudre les problèmes, les questions les plus fréquentes qui se posent à l'équipe.

Le principe de la bible d'équipe est d'obtenir un consensus sur les procédures communes qui répondent aux demandes et aux problèmes fréquents qui peuvent se poser à l'équipe. La bible crée des standards de qualité que tous appliquent.

C'est rendre le savoir-faire formel et, par conséquent, c'est pouvoir le déléguer. Pour que la réponse à vos « clients » soit de même qualité, quel que soit le membre de l'équipe à qui elle est posée.

Posez-vous les bonnes questions

Faites une enquête de faisabilité avant d'utiliser cet outil :

■ dans votre travail quotidien, pouvez-vous identifier des problèmes récurrents et prévisibles pour
lesquels vous pourrez établir une réponse standar-
disée et laisser ainsi la créativité pour les problèmes nouveaux, imprévisibles ?

■ avez-vous déjà écrit une procédure, une check-list
d'actions précises qui permettrait à votre remplaçant, à votre assistant, de résoudre un problème
avec les mêmes résultats, la même qualité que
vous ?

Témoignages

« [...] Nous voulons un minimum de qualité pour toutes les
choses que nous faisons régulièrement ensemble. »

« [...] Nous voulons rendre les solutions aux questions
récurrentes qui peuvent être déléguées en les formalisant,
en les transformant en check-list d'action. »

« [...] Chaque fois que nous rencontrons un problème plus
de trois fois, nous écrivons une procédure standard pour le
résoudre. »

« [...] Nous voulons que, lorsqu'un client s'adresse à notre
équipe, il reçoive la même réponse de qualité, quel que
soit le collaborateur qui décroche. »

« [...] Chacun a de bonnes idées sur la meilleure façon de
résoudre un problème. Nous avons voulu mettre ces idées
en commun sous forme de solutions standard à des
problèmes fréquents. Bien sûr, nous améliorons ces
procédures au fur et à mesure de l'expérience. »

« [...] Avant, quand on nous demandait de relire un
contrat, chacun de nous avait sa façon de faire. »

> *Maintenant, nous nous sommes tous mis d'accord sur une procédure unique, la meilleure. Nous l'avons décrite très précisément. Trois avantages à cela : nos clients ont la même qualité de réponse, cela va plus vite et nos adjoints peuvent faire une partie du travail à notre place car les instructions sont claires et précises. »*

Optimisez cet outil dans le cadre des différents programmes

La convention d'équipe

Voici des idées pour l'article « Notre Bible » de votre convention de travail. Quelques exemples vécus de points convenus dans les équipes étudiées.

Nous nous engageons chacun à :

– faire la liste des vingt questions qui nous sont le plus fréquemment posées, des problèmes que nous devons résoudre le plus fréquemment ;

– en donner la réponse ou la solution en une page, sous forme d'une check-list d'actions à entreprendre ;

– mettre ces questions et ces réponses à disposition de tous sur notre site Intranet personnel ;

– comparer les solutions de chacun à un problème récurrent pour en faire une synthèse adoptée par tous.

Le Management Cockpit d'équipe

Un Management Cockpit d'équipe suit les procédures critiques décidées par l'équipe et signale les déviances significatives des façons de faire convenues par consensus.

Intranet Indira et Outlook Jane

Les équipiers affichent sur leur site les problèmes qu'ils rencontrent le plus souvent et la façon qu'ils ont de les résoudre en tant que spécialistes du domaine.

Le plan d'équipe

Votre plan d'affaires doit persuader votre hiérarchie que vous êtes parfaitement conscient des problèmes que vous allez rencontrer et que vous avez un plan d'action pour faire face à chacun d'eux.

Fixez-vous des objectifs et mesurez vos performances

- Nombre de check-lists à disposition pour faire face aux problèmes récurrents.
- Gain obtenus par délégation d'une tâche à une personne moins bien payée, avec la même qualité de résultat.
- Nombres de problème résolus par check-list.

Vos plans d'action

Pour lister les problèmes récurrents. Notez vos trois prochaines actions :

■ ....

■ ....

■ ....

Pour établir des procédures locales de qualité. Notez vos trois prochaines actions :

■ ....

■ ....

■ ....

Pour améliorer la procédure après chaque incident. Notez vos trois prochaines actions :

■ ....

■ ....

■ ....

Le marketing de l'équipe

Vendez mieux vos résultats et vos compétences !

Même si vous n'avez rien à vendre véritablement, votre équipe doit se vendre constamment pour défendre son autonomie, ses budgets et valoriser ses résultats.

Beaucoup d'équipes se vendent mal. Pourtant, dans un monde ouvert, il vous faut autant de « faire savoir » que de savoir-faire.

L'outil n'est pas compliqué. Les techniques de marketing des sociétés sont mises à l'échelle plus petite d'une équipe, mais les principes de vente et de marketing restent les mêmes.

Posez-vous les bonnes questions

Testez-vous en répondant à ces questions :

- avez-vous la volonté de faire du marketing pour votre équipe, de mieux faire savoir ce que vous faites bien ?
- que pouvez-vous faire de concret, rapidement, pour mieux « vendre » votre équipe, ses projets, ses résultats, ses capacités, au sein de votre entreprise ou à l'extérieur ?
- accepteriez-vous de « communautariser » votre image ? D'utiliser tous le même en-tête pour vos courriers, la même carte de visite, le même site Web ?
- avez-vous défini un vrai marché potentiel, interne ou externe, pour vos services, pour ce dont votre équipe a les capacités ?

Témoignages

« [...] Faire notre propre marketing a été une décision que j'ai eue du mal à prendre. Je croyais que seule la qualité faisait vendre jusqu'au jour où notre patron a mis notre budget à disposition d'un autre projet, simplement parce qu'il n'avait pas bien perçu ce que nous faisions. Nous lui avions mal vendu nos résultats. L'emballage a autant d'importance que le contenu, je l'ai appris à mes dépens. »

« [...] Nous avons appliqué les techniques les plus simples du marketing. Comme si notre équipe était un vulgaire produit à vendre sur le marché interne de l'entreprise. »

« [...] Nous avons commencé par utiliser un en-tête commun à tous nos messages avec le nom de l'équipe et sa mission en six mots. »

> « [...] Nous avons choisi non pas l'équipe comme objet de marketing mais notre projet phare. »
>
> « [...] Cela m'a paru puéril et futile de définir notre équipe et notre projet en dix mots. Curieusement, cela a frappé les mémoires et les patrons de mon patron se souviennent mieux de nous. »

Optimisez cet outil dans le cadre des différents programmes

La convention d'équipe

Voici des idées pour l'article « Notre marketing » de votre convention de travail. Quelques exemples vécus de points convenus dans les équipes étudiées.

Nous nous engageons à respecter les règles suivantes de communication :

- toujours utiliser l'en-tête de l'équipe pour tous nos messages et toutes nos présentations ;
- respecter le logo choisi par l'équipe et l'utiliser le plus fréquemment possible ;
- toujours mentionner l'équipe, si nous présentons des résultats acquis par un effort commun ;
- utiliser uniquement des cartes de visite communes ;
- nous décidons que le logo, le nom, les couleurs et la devise de l'équipe sont les suivants...

Le Management Cockpit d'équipe

Faites visiter votre Management Cockpit d'équipe, notamment par votre hiérarchie, par vos clients internes. Il est le meilleur vendeur de vos résultats.

Les Managements Cockpits d'équipe comportent des indicateurs qui suivent l'augmentation progressive des budgets, des revenus qui vous sont confiés, c'est-à-dire l'augmentation d'efficacité de votre marketing.

Intranet Indira et Outlook Jane

Votre site Web d'équipe est votre vitrine, si nécessaire faites-le réaliser par un professionnel. Vérifiez régulièrement que le nombre de visiteurs augmente.

Le plan d'équipe

Dans votre plan, prévoyez toujours un petit budget pour votre propre marketing. La plupart des équipes consacrent 5 % de leur budget à leur marketing et à la vente interne de leurs résultats.

Fixez-vous des objectifs et mesurez vos performances

Voici une collection d'indicateurs potentiels :

■ augmentation des ressources financières et non financières que l'on confie à votre équipe pour votre projet ;

- augmentation des demandes pour vos services, en dehors des habitudes, d'autres clients que vos clients classiques, obligés ;
- augmentation des invitations faites à votre équipe pour présenter ses résultats ;
- augmentation de la place qu'occupe votre équipe dans les médias internes de votre entreprise.

Vos plans d'action

Pour étudier puis élargir le marché interne pour vos capacités latentes. Notez vos trois prochaines actions :

- ....
- ....
- ....

Pour mieux présenter vos services. Notez vos trois prochaines actions :

- ....
- ....
- ....

La charte de la mission d'équipe

Écrivez votre propre vision de l'avenir !

Une mission commune, rédigée clairement en une demi-page, est un outil fédérateur si elle différencie l'équipe de ses semblables et si elle est suffisamment claire et focalisée sur des objectifs précis.

La charte de la mission de l'équipe est un texte court mettant en exergue les choix faits, ceux qui justifient l'existence de votre équipe. C'est au leader de l'équipe de produire ce document et de le vendre aux équipiers.

Pour que cet outil soit motivant, contrôlez la qualité de l'énoncé de votre mission. Répondez sincèrement à ces trois questions. Est-ce qu'elle vous différencie bien des autres ? Est-ce qu'elle demande un effort conjoint de tous ? Est-ce qu'elle est suffisamment précise et centrée ? Est-ce qu'elle aurait pu être écrite par n'importe qui ?

Posez-vous les bonnes questions

Testez votre motivation pour cet outil. Etes-vous prêt à :

- vous impliquer en faisant des choix clairs, des paris pour l'avenir, en renonçant tout aussi clairement aux autres options ?
- écrire et publier ces choix stratégiques pour votre équipe ou votre projet ?
- mesurer les indicateurs qui vont vérifier si vraiment vous faites ce que vous avez promis dans votre mission ?

Témoignages

« [...] Je trouve cet outil très utile. Quand j'ai lu cette page écrite par le directeur du projet, j'ai su tout de suite que je voulais faire partie de cette aventure. »

« [...] Je trouve cet outil ridicule. Ce n'est pas en écrivant trois phrases bateaux sur un papier que l'on soude une équipe. »

« [...] Il y a mission et mission. Si cette page avait pu être écrite par quelqu'un d'autre que vous, alors vous pouvez la jeter à la poubelle. C'est votre personnalité qui doit y transpirer. Les personnes suivent quelqu'un pour faire quelque chose de difficile, si cette personne est unique, si elle est différente. »

Optimisez cet outil dans le cadre des différents programmes

La convention d'équipe

Si vous aimez cet outil, ajoutez l'article « Notre mission » à votre convention de travail.

Commencez l'article comme ceci : « Nous acceptons comme mission, comme raison d'existence de cette équipe, le texte suivant ».

Le Management Cockpit d'équipe

Vérifiez que, pour chaque affirmation, pour chaque promesse écrite dans votre mission, il y ait bien au moins un indicateur dans votre Management Cockpit d'équipe qui mesure ce que vous faites dans ce sens, ce que vous avez promis de faire.

Intranet Indira et Outlook Jane

Affichez votre mission sur la première page de votre site. Tout le monde doit la connaître.

Le plan d'équipe

Vos investisseurs internes doivent trouver dans votre mission une différence qui va justifier le risque qu'ils vont prendre en vous confiant un budget plutôt qu'à une autre équipe.

Fixez-vous des objectifs et mesurez vos performances

- Nombre d'indicateurs mesurés qui montrent que vous êtes en train d'accomplir votre mission ;
- Nombre de personnes à l'intérieur ou à l'extérieur de votre équipe qui pourraient citer précisément votre mission ;
- Surface qu'occupe, sur un mur ou sur un écran, le texte de votre mission.

Vos plans d'action

Pour écrire et faire approuver votre mission. Notez vos trois prochaines actions :

- ....
- ....
- ....

Pour diffuser et vendre le texte de votre mission. Notez vos trois prochaines actions :

- ....
- ....
- ....

Les rôles d'équipe

Attribuez des rôles communautaires en plus des rôles individuels !

Les représentants d'équipe sont les trois personnes qui assument un rôle social dans l'équipe en plus de leurs fonctions personnelles.

Les trois principaux rôles sont « leader d'équipe », « secrétaire d'équipe » et « numéro deux d'équipe ». Ces rôles, souvent à temps partiel, sont aisément transférables et doivent être assurés pour qu'une équipe fonctionne bien.

Posez-vous les bonnes questions

Etes-vous prêt pour cet outil ? Testez-vous en répondant aux questions suivantes :

- quels sont les rôles d'équipe que vous avez attribués actuellement, en dehors du rôle de leader ?
- le leader de votre équipe a-t-il clairement désigné son numéro deux ? Connaissez-vous son rôle quand le leader est indisponible ? Quand il est présent ?

■ comment avez-vous organisé la collecte et la maintenance de la mémoire de votre équipe ou de votre projet ?

Témoignages

« [...] J'avais besoin, pour cette équipe, d'une mémoire pour retenir ce qui est oublié parce que l'un pense que c'est l'autre qui va le noter. J'ai donc créé le poste de secrétaire général de nos projets. Il est le gardien de notre savoir accumulé, des promesses faites, des méthodes à transmettre. Alors que les collaborateurs, les experts et les consultants défilent, il reste. »

« [...] Le secrétaire est chargé de maintenir notre salle de réunion prête pour les décisions, tous les indicateurs mis à jour. »

« [...] Nous sommes un grand groupe de travail. Pour le conduire, nous avons un numéro un et un numéro deux. Le numéro un s'occupe plutôt de long terme et le numéro deux de court terme. Comme dans les sous-marins, nous avons un officier commandant et un officier exécutif. »

Optimisez cet outil dans le cadre des différents programmes

La convention d'équipe

Voici une idée pour l'article « Les rôles » de votre convention de travail.

Outre le rôle de leader, nous acceptons M. Lana et M. Marchand pour les rôles de secrétaire d'équipe et de co-pilote.

Le Management Cockpit d'équipe

Le *Cockpit Officer* est le secrétaire d'équipe, dont le rôle est de maintenir les indicateurs à jour.

Le *Chief Cockpit Officer* est le numéro deux. Chaque trimestre, il choisit les bons indicateurs et fixe des objectifs appropriés, en fonction des changements de situation.

Intranet Indira et Outlook Jane

Le secrétaire d'équipe, c'est aussi le webmaster de l'équipe. Le numéro deux encourage tous les équipiers à tenir à jour, tous les trimestres, leur site Web personnel professionnel.

Le plan d'équipe

Le leader, le secrétaire et le numéro deux, voilà le noyau dur de l'équipe. C'est lui que vos investisseurs internes potentiels vont juger, soupeser avant de vous donner éventuellement plus de budget, de liberté.

Fixez-vous des objectifs et mesurez vos performances

- Une description de poste spéciale est rédigée pour le numéro deux de l'équipe et pour le secrétaire.

■ Ces deux postes sont assurés. Aucune mémoire de votre équipe n'est perdue. En l'absence du leader, toutes ses fonctions critiques sont assurées.

Vos plans d'action

Pour faire la description de poste comparée des trois rôles de votre équipe. Notez vos trois prochaines actions :

■ ....

■ ....

■ ....

Pour choisir les responsables de ces rôles et organiser éventuellement la rotation de postes entre eux. Notez vos trois prochaines actions :

■ ....

■ ....

■ ....

Les remplacements d'équipe

Une équipe, ce sont aussi des fonctions, pas que des personnes !

Certaines fonctions critiques d'une équipe doivent absolument être assurées et être opérationnelles sans discontinuités. Pour ces fonctions essentielles, il faut un titulaire et un suppléant au sein même de l'équipe.

Leurs noms, par fonction critique, sont affichés en permanence sur le site Web de l'équipe. Il ne doit pas y avoir de doute, ni d'hésitation. Si Pierre n'est pas accessible, c'est Paul qui autorise, qui signe, qui assure.

Posez-vous les bonnes questions

- Quelles sont les fonctions assurées par votre équipe qui sont critiques ?

- Qu'avez-vous fait pour assurer la permanence, la continuité de ces fonctions ?
- Chacun des membres importants de votre équipe a-t-il publié clairement qui est responsable de ses fonctions critiques, s'il est indisponible ?

Témoignages

« [...] Pour la réponse à ce client sensible, nous ne pouvons jamais nous permettre de lui dire que le gestionnaire de son dossier est absent. »

« [...] Si demain Paul passait sous un bus, je serais très ennuyé. »

« [...] Dans notre groupe, Jean est pour l'instant le seul à bien connaître ce client et ce système. C'est un risque injustifiable pour notre équipe. »

« [...] Sur chaque carte de visite, il y a deux noms. Si une personne est importante, elle doit avoir un suppléant. Le client doit savoir que le service que nous lui proposons est un service continu, qui ne dépend pas de la disponibilité d'une seule personne. »

Optimisez cet outil dans le cadre des différents programmes

La convention d'équipe

Voici une idée pour l'article « Notre tableau de remplacement » de votre convention de travail. Dans notre équipe, les fonctions critiques suivantes doivent être sécurisées par un suppléant au titulaire.

	Fonction	Titulaire	Remplaçant
1			
2			
3			

Le Management Cockpit d'équipe

Chacun des douze tableaux de bord de l'équipe doit avoir un titulaire et un remplaçant. Le remplaçant parle au nom du titulaire absent lors du *Cockpit Briefing*. C'est une fonction critique : un indicateur ne peut rester dans le rouge sans action correctrice, simplement parce que le titulaire de l'indicateur est absent à la réunion !

Intranet Indira et Outlook Jane

Chaque équipier indique sur son site Web personnel qui est son remplaçant à un moment donné et pour une responsabilité déterminée.

En cas d'indisponibilité, Outlook Jane indique à qui transmettre, en fonction du sujet, les demandes et les courriers.

Le plan d'équipe

Les investisseurs internes réduiront toujours leur confiance dans votre projet, si vous ne leur montrez pas que les responsabilités critiques de votre projet sont doublées, sécurisées et ne dépendent pas uniquement de la présence d'une personne.

Fixez-vous des objectifs et mesurez vos performances

- Nombre de fonctions critiques identifiées.
- Nombre de fonctions importantes sans suppléance au titulaire.
- Nombre de plaintes d'utilisateurs de vos services sur une indisponibilité de vos prestations.

Vos plans d'action

Pour identifier vos fonctions critiques. Notez vos trois prochaines actions :

- ....
- ....
- ....

Pour assurer la continuité de ces services. Notez vos trois prochaines actions :

- ....
- ....
- ....

La délégation

Déléguez de manière claire

Dans une équipe, chacun doit faire ce qu'il sait faire le mieux. Le reste doit être délégué, mais pas par une délégation floue, informelle, qui crée plus de malentendus qu'elle ne crée de coordination. Déléguez de manière floue et vous générerez plus de conflits que d'efficacité ! La délégation floue tue une équipe.

Définissons bien les choses. Un délégué, c'est quelqu'un à qui vous pouvez demander de faire quelque chose à votre place. Une autorisation à un délégué, c'est le quelque chose qu'il doit faire à votre place, sauf rares exceptions justifiées.

En d'autres mots. Qu'est-ce qu'un délégué ? Quelqu'un qui doit faire quelque chose, si vous le lui demandez. Qu'est-ce qu'une autorisation à un délégué ? C'est lui donner l'autorité de faire quelque chose à votre place.

Posez-vous les bonnes questions

Etes-vous mûr pour cet outil ? Vous le saurez en répondant aux questions suivantes :

■ avez-vous constaté des problèmes de délégation dans votre équipe ? Est-ce que des malentendus arrivent souvent parce que le « qui peut faire faire quoi et à qui » est mal défini ?

■ est-ce que votre délégation se fait par tâche, par personne ou par résultat ? Est-elle écrite ou informelle ?

■ comment avez-vous formalisé, organisé, automatisé la délégation ?

■ avez-vous organisé une méthode de management par exception pour faciliter la tâche à vos subordonnés les plus capables ?

Témoignages

« [...] J'ai trois personnes à qui j'ai autorisé de faire certaines tâches précises à ma place. Des exemples ? Pour Paul, répondre aux messages qui me sont adressés et qui ont comme sujet « Projet Venise ». Pour Marc, me remplacer aux réunions où je suis invité quand le sujet est « Projet Amadeus ». Pour Jean, modifier nos prix quand le chiffre d'affaires descend en dessous de 20 % de la cible. Rien pour Thomas. »

« [...] Cette méthode de délégation très formelle n'est nécessaire que dans les grandes équipes où les membres ne se voient pas tous les jours. Quand le groupe de travail est grand et dispersé, c'est un réel avantage. »

« [...] J'en avais assez de toujours devoir négocier avec telle ou telle personne quand je lui demandais de faire quelque chose. Il fallait être plus clair pour répondre à la question "Qui peut déléguer quoi et à qui ?" Nous avons fait cet exercice en équipe. Cela a été dur, mais les négociations sans fin ont cessé. »

« [...] Dans cette équipe, je passe mon temps à mendier, à supplier, à faire la carpette ou alors à menacer quand je veux faire faire quelque chose à quelqu'un. L'égalité des gens est une belle idée, mais qui ne marche pas quand il faut gagner des parts de marché. »

« [...] Je ne dis pas qu'il faut transformer notre entreprise en armée, mais nous sommes allés trop loin dans la liberté individuelle. »

« [...] Il ne faut pas tout réglementer et tout formaliser, mais quelques règles de hiérarchie claires peuvent aider quand on se bat ensemble sur un terrain difficile, quand on n'a pas le temps de demander poliment sans pouvoir prévoir la réponse que vous donnera l'autre. »

Optimisez cet outil dans le cadre des différents programmes

La convention d'équipe

Voici une idée pour l'article « Tableau des délégations » de votre convention de travail. Toutes les conventions d'équipe bien faites comportent un article précisant les délégations du trimestre. Voici le style.

Pour Paul, la tâche Alpha est déléguée à M. Dupont durant X mois.

Le Management Cockpit d'équipe

Le Management Cockpit organise la délégation. Vous transmettez une partie de vos pouvoirs en déléguant des indicateurs de performance. Si l'un de vos délégués est dans le vert, ne lui demandez rien d'autre, c'est son espace de liberté. En revanche, s'il est dans le rouge, il vous doit un plan d'action pour corriger cette situation. C'est le management par exception.

Les délégations sont souvent activées en fonction de la valeur mensuelle d'un indicateur. Par exemple, si le dépassement de budget est de plus de 10 %, faites une enquête et prévenez votre responsable des causes.

Intranet Indira et Outlook Jane

Avec Outlook, vous pouvez parfaitement, si vous le réglez bien, organiser vos délégations en transférant directement à vos délégués les messages, les demandes de réunion ou les tâches qui comportent certains mots clés dans le sujet.

Le plan d'équipe

Un plan d'affaires décrit toujours précisément les mécanismes de production des résultats promis aux investisseurs internes. La délégation, c'est le mécanisme de production des travaux intellectuels et des services.

Vos investisseurs internes seront sensibles à ce que vous leur montriez que vous avez des processus bien réglés. Ils vous donneront leur confiance, s'ils voient que vous avez de l'autorité et que vous savez déléguer.

Fixez-vous des objectifs et mesurez vos performances

Il y a beaucoup d'indicateurs pour cet outil :

- nombre de conflits interpersonnels sur des questions d'autorisation, de délégation ;
- nombre d'indicateurs de performance clairement délégués ;
- nombre d'interventions de votre part auprès d'un subordonné uniquement sur déviance significative d'une performance déléguée ;
- nombre de messages, de demandes dans la boîte de réception automatiquement transférés vers l'un de vos délégués.

Votre plan d'action

Pour faire approuver la liste de vos délégués et de leurs autorisations. Notez vos trois prochaines actions :

- ....
- ....
- ....

Les décisions communes

À bien organiser !

Une décision d'équipe, c'est quelque chose d'important. Ce qui est important doit s'organiser, même si cela semble relever de l'intuition. Les méthodes d'aide à la décision commune sont nombreuses. Voici toutefois quelques idées pour vous aider :

- le tableau blanc avec les décisions en attente affiché dans la salle d'équipe. Chacun peut y écrire ses arguments pour et contre ;
- la méthode Delphi pour collecter les opinions d'experts sans les réunir et sans les vexer ;
- maîtriser le coût de la prise de décision en donnant un temps et un budget limités pour chaque décision à prendre ;
- le vote individuel et secret de tous les membres de l'équipe. Cela vous évoque quelque chose ? Essayez la démocratie ;
- une méthode classique : écouter puis décider seul en tant que leader de l'équipe.

Posez-vous les bonnes questions

- ■ Quelle méthode suivez-vous pour décider ensemble : vote, décision du leader, etc. ?
- ■ Dans quelles situations décidez-vous seul, en tant que responsable de l'équipe ou du projet impliqué ?
- ■ Comment organisez-vous systématiquement la collecte des avis des coéquipiers et des experts avant de décider ?
- ■ Quels sont les systèmes d'aide à la décision disponibles dans votre entreprise ?

Témoignages

« [...] Nous prenons beaucoup de décisions ensemble et nous avions envie de formaliser ce processus, de suivre une méthode rationnelle pour augmenter la rapidité et la qualité de nos décisions. »

« [...] Ce que je voulais, c'est avoir une méthode pour obtenir vite l'avis de tous, sans émotion et sans politique. Nous avons choisi la méthode Delphi qui tourne avec Outlook. Je dois dire que l'anonymat des réponses a rendu les débats plus sereins. »

« [...] Le tableau blanc des décisions marche très bien pour nous. D'abord, nous transformons nos décisions en une question simple – Faut-il acheter ce produit ? Faut-il engager cette personne ? – puis nous notons dans deux colonnes séparées les faits pour et les faits contre. Chacun peut apporter sa contribution anonymement ou non. Après une semaine d'affichage au tableau, la bonne réponse se forme d'elle-même. »

> « [...] Dans notre entreprise, nous avons des listes d'experts par sujet. Il m'arrive souvent d'utiliser cette liste de distribution de message quand je veux recueillir l'avis de plusieurs experts sur un même sujet. »
>
> « [...] Dans mon équipe, on aime bien la démocratie. Chaque décision qui implique plus de deux personnes est mise au vote. Si les résultats de ce vote ne sont pas clairs, je tranche. Comme nous sommes très nombreux dans l'équipe, nous avons automatisé cette procédure simple avec Outlook qui envoie des messages à boutons de vote à une liste de distribution. »

Optimisez cet outil dans le cadre des différents programmes

La convention d'équipe

Voici des idées pour l'article « Comment allons-nous décider ensemble ? » de votre convention de travail. Quelques exemples vécus de points convenus dans les équipes étudiées.

Nous nous engageons à :

– formaliser chaque décision à prendre sous forme d'une question ;

– noter chaque question, dans la salle d'équipe, sur un tableau blanc sur lequel chacun peut noter ses arguments factuels pour ou contre ;

– allouer un budget en argent et en temps pour chaque décision à prendre. Une fois le budget épuisé, c'est le leader qui prend la décision.

Le Management Cockpit d'équipe

Un Management Cockpit d'équipe est un outil d'aide à la décision collective. Chaque Management Cockpit d'équipe, en plus des six à douze tableaux de bord, possède un tableau blanc « Décisions à prendre ».

Le titre de ce tableau est une question dont la réponse est « oui » ou « non ». Dans la colonne « oui », tout le monde peut noter ses arguments pour le « oui », et l'inverse. Les arguments doivent être factuels et, si possible, soutenus par des indicateurs mesurables. Le tableau est accessible pendant une semaine, puis la décision est prise et le tableau est effacé.

Intranet Indira et Outlook Jane

Partager son savoir, c'est bien. Partager ses questions, ses interrogations, c'est bien aussi. Les dirigeants mettent sur le réseau, sur leur site d'équipe, les décisions en cours pour que chacun puisse donner son avis ou des informations qui pourraient aider à la décision.

Le plan d'équipe

Le plan d'équipe comprend les grandes décisions que vous avez prises avant de le proposer. Un plan d'affaires est toujours basé sur quelques choix précis que vous faites. Ces décisions stratégiques doivent être argumentées.

Fixez-vous des objectifs et mesurez vos performances

- Diminution du coût moyen, en temps surtout, des décisions.
- Nombre des décisions collectives prises en suivant une méthode précise.
- Diminution du nombre de décisions en suspens pendant un délai excessif.

Votre plan d'action

Pour le choix des procédures de décision collectives. Notez vos trois prochaines actions :

- ....
- ....
- ....

Les groupes de nouvelles

Faites bien circuler les nouvelles importantes !

Le journal interne de l'équipe est un excellent moyen de communiquer, de mettre tout le monde au même niveau. Décidez d'abord des sujets chauds pour lesquels un enquêteur, un journaliste ou un modérateur interne est nécessaire au sein de l'équipe. Ces sujets sont fréquents : concurrents agressifs, nouvelles techniques, avancée de projet, nouveau processus, clients instables, etc.

Demandez à ces collecteurs d'information de rédiger chaque semaine un bref article, résumant ce qu'ils ont appris par le groupe de nouvelles, pour le journal de l'équipe ou pour le tableau d'affichage.

Le journal d'équipe est le plus souvent virtuel, sur le site Web de l'équipe.

Posez-vous les bonnes questions

- Comment organisez-vous la collecte des informations qui sont des renseignements demandant une investigation proactive de votre part ?

- Comment organisez-vous la collecte des informations sensibles sur vos concurrents, sur vos clients, sur vos marchés ?
- Dans votre journal d'équipe ou de projet, quels sont les groupes de nouvelles que vous avez ouverts pour mieux être informé ?

Témoignages

« [...] Dès mon arrivée dans l'équipe, j'ai créé un groupe de nouvelles sur un important équipement, que nous utilisons tous les jours. J'y mets toutes les nouveautés sur cet équipement, tous les nouveaux incidents, toutes les nouvelles du fabricant, les informations des utilisateurs dans d'autres unités. Au début, j'étais seul, puis deux collègues m'ont rejoint comme rédacteur. Aujourd'hui, nous recevons plus de dix visiteurs par jour. »

« [...] Nous avons créé un groupe de nouvelles sur un concurrent très actif. Je reçois plus de dix messages par jour de membres de notre groupe qui ont appris quelque chose d'intéressant sur eux. »

« [...] En tant que secrétaire de l'équipe, je suis aussi le journaliste de l'équipe. Je tiens le tableau d'affichage et je gère les six groupes de nouvelles que nous avons décidés d'entretenir. »

Optimisez cet outil dans le cadre des différents programmes

La convention d'équipe

Voici une idée pour l'article « Comment allons-nous organiser nos groupes de nouvelles ? » de votre convention de travail.

Les groupes de recherche d'information et de discussion sont créés sur les sujets suivants de compétition, de marché :

Sujet	Modérateur

Le Management Cockpit d'équipe

Dans un Management Cockpit classique, de 20 à 30 % des informations ne sont pas des chiffres mais des messages concis sur des sujets critiques choisis en commun. Les groupes de nouvelles constitués dans l'équipe alimentent ces tableaux de bord de texte, en fournissant des nouvelles sur des sujets ciblés.

Le Management Cockpit d'équipe est le journal de l'équipe, en même temps que son poste de pilotage.

Intranet Indira et Outlook Jane

Chacun des membres de l'équipe organise sur son site Intranet un groupe de nouvelles dont il devient le spécialiste. Le moteur de recherche de l'équipe parcours deux fois par jour tous les sites individuels des coéquipiers à la recherche de changements dans ces sujets et de mots clés : nom de projet, nom de concurrents, etc.

Le plan d'équipe

Votre plan d'affaires d'équipe doit comporter des articles sur les obstacles à vos objectifs. Ce sont des informations externes, difficiles à obtenir et chères à acheter, sur les concurrents, sur le marché. Un bon moyen de collecter ces informations est de charger chacun des membres de l'équipe d'un secteur de veille technologique, concurrentiel, de marché.

Fixez-vous des objectifs et mesurez vos performances

■ Nombre de questions de l'équipe auxquelles on a apporté une réponse par des investigations de l'un de ses membres.

■ Nombre de visiteurs ou d'abonnés aux différents groupes de nouvelles ouverts par l'équipe.

Votre plan d'action

Pour choisir et alimenter vos systèmes de collecte des informations non spontanément disponibles. Notez vos trois prochaines actions :

■ ....

■ ....

■ ....

Le glossaire d'équipe

Apprenez à parler le même langage

Beaucoup de problèmes d'équipe proviennent d'une incompréhension entre les personnes, simplement parce que leur langage naturel est confus.

Beaucoup d'équipes utilisent un glossaire qu'elles ont créé elles-mêmes avec le temps, pour mieux se comprendre et pour éviter les malentendus.

Cette liste de mots avec leur définition est utilisée pour nommer les dossiers communs, pour choisir un sujet de message, pour standardiser les textes des documents, pour calculer les indicateurs de performance, etc.

En bref, le glossaire d'équipe ou de projet est indispensable pour se comprendre entre membres d'une même équipe, comme le jargon des pilotes est indispensable pour parler à la tour de contrôle.

Posez-vous les bonnes questions

- Quels sont les récents incidents que vous avez vécus à cause d'une interprétation différente d'un mot, d'une valeur, d'un calcul ?
- Vous avez sûrement une culture de langage dans votre métier, dans votre entreprise, en avez-vous un glossaire pour les nouveaux venus ?
- Vos reporting et vos plans comportent-ils, en annexe, les règles d'interprétation qui évitent les malentendus ?

Témoignages

« [...] Nous avons des collaborateurs de deux nationalités dans notre projet. Un mot voulait dire une chose pour l'un et autre chose pour l'autre. Nous avons défini un glossaire de trente mots que nous employons souvent. Nous nous sommes mis d'accord sur leur signification et sur leur implication exacte. »

« [...] L'un de nos équipiers avait confondu un « avis » et un « ordre », ce qui a une signification différente chez nous. Nous avons perdu une somme importante. »

« [...] Pour un même indicateur de performance, j'ai reçu trois interprétations, définitions, calculs différents de la part de mes coéquipiers. Pas étonnant que l'un se croyait dans le vert alors que l'autre le mettait dans le rouge. »

Optimisez cet outil dans le cadre des différents programmes

La convention d'équipe

Voici une idée pour l'article « Notre glossaire » de votre convention de travail.

Nous convenons d'utiliser le vocabulaire suivant :

Mot / indicateur	Définition / calcul

Le Management Cockpit d'équipe

Un Management Cockpit fonctionne bien quand tous les indicateurs ont des modes d'évaluation clairs, bien définis et acceptés par tous. Tout Management Cockpit s'accompagne d'un document qui en définit tous les termes et indicateurs.

Intranet Indira et Outlook Jane

Une page du site d'équipe présente toujours le glossaire d'équipe.

Le plan d'équipe

Ce programme contient les règles d'interprétation de tout ce qui est écrit dans le plan. Il s'agit d'une annexe qu'examineront toujours les investisseurs qui pensent sérieusement investir dans votre projet.

Quand vous dites « risque opérationnel », « déviance de budget », « revenu fixe », il faut que tout le monde sache ce que vous voulez vraiment calculer.

N'oubliez pas que pour le terme chiffre d'affaires, on peut donner quatre définitions tout à fait justifiables. À vous de faire votre choix et de désamorcer à l'avance toute discussion âpre avec la hiérarchie, si, pour vous, un chiffre d'affaires est un carnet de commandes et, pour votre investisseur, un revenu encaissé.

Fixez-vous des objectifs et mesurez vos performances

- ■ Nombre de termes définis dans votre glossaire.
- ■ Nombre de personnes qui utilisent le glossaire automatiquement sur leur traitement de texte, avant l'envoi de tout courrier.

Vos plans d'action

Pour le choix des mots et les indicateurs à définir pour éviter les malentendus. Notez vos trois prochaines actions :

- ■ ....
- ■ ....
- ■ ....

© Éditions d'Organisation

Pour obtenir un consensus sur les définitions des mots et des indicateurs. Notez vos trois prochaines actions :

■ ....

■ ....

■ ....

Pour intégrer votre glossaire à vos traitements de texte. Notez vos trois prochaines actions :

■ ....

■ ....

■ ....

La composition d'équipe

Adaptez l'équipe à vos besoins

N'acceptez pas une équipe comme vous la recevez ! Quand vous acceptez un travail, des objectifs, vous recevez des ressources de votre entreprise, des moyens pour exercer vos responsabilités.

Votre principal moyen sera sans doute une équipe, mais ne l'acceptez jamais comme telle. Lisez les journaux. Quand un patron est nommé, quelques mois après, il effectue souvent des changements dans son équipe. Demandez-vous pourquoi !

Pour composer votre équipe, établissez la liste des compétences techniques et humaines dont vous avez besoin pour réussir. Établissez en parallèle la liste des compétences et des qualités de l'équipe que vous recevez au départ. S'il y a des différences significatives : éliminez le surplus et engagez les compétences manquantes.

Beaucoup de leaders n'acceptent une mission qu'avec les moyens de changer l'ancienne équipe. Le premier rôle d'un leader, lorsqu'il prend en charge une équipe nouvelle, est d'adapter cette équipe aux objectifs qu'il a acceptés.

Posez-vous les bonnes questions

Pour savoir si vous avez réellement besoin de cet outil, répondez aux questions suivantes :

- votre équipe est-elle composée comme vous le souhaitez idéalement ?
- quelles personnes pourraient quitter votre équipe sans vraiment mettre en danger l'atteinte de vos objectifs ?
- quelles sont les personnes qui, si elles rejoignaient votre équipe, augmenteraient significativement vos chances d'atteindre vos objectifs ?

Témoignages

« [...] Cela n'a pas été facile, mais c'était indispensable. J'ai dû me séparer de deux personnes de l'ancienne équipe. L'une ne voulait pas signer la convention de travail en équipe car elle n'adhérait pas à la mission commune. Pour l'autre, ses compétences, incontestables, ne nous étaient pas utiles dans le cadre de cette mission. »

« [...] J'ai accepté seulement le travail quand mon patron a accepté que j'emmène avec moi ma secrétaire dans la nouvelle équipe. »

« [...] Ce n'est pas une chasse aux sorcières, mais j'ai besoin dans mon équipe de gens qui ont les mêmes convictions que moi. »

Optimisez cet outil dans le cadre des différents programmes

La convention d'équipe

Voici des idées pour l'article « La composition de notre équipe » de votre convention de travail. Quelques exemples vécus de points convenus dans les équipes étudiées.

Les personnes suivantes signent cette convention et font donc partie de l'équipe :

Font partie à temps plein de l'équipe	
Font partie à temps partiel de l'équipe	

Certains collaborateurs sont des supports ponctuels, pas des équipiers. Il ne faut pas leur faire signer la convention. D'autres personnes manquent à l'équipe. Ce sont des collaborateurs qui doivent devenir des équipiers et qui doivent signer la convention.

Le Management Cockpit d'équipe

Chaque collaborateur doit accepter d'être pleinement responsable d'indicateurs subsidiaires des indicateurs communs de l'équipe. Si un travail est difficilement mesurable, il faut le réorganiser jusqu'à ce qu'il le devienne, puis donner ce poste à une personne qui a les compétences pour améliorer ces indicateurs.

Intranet Indira et Outlook Jane

Un collaborateur qui n'entretient pas son site Intranet individuel, qui ne veut pas partager son savoir, ne doit plus faire partie de l'équipe.

Le plan d'équipe

Un investisseur met de l'argent dans un projet en fonction de l'équipe aux commandes. Il doit la sentir soudée, équilibrée, bien composée.

Fixez-vous des objectifs et mesurez vos performances

- Respect de la date cible de départ des personnes que vous désirez voir quitter votre équipe en tant que responsable de cette équipe.
- Respect de la date cible d'arrivée des personnes que vous désirez voir rejoindre votre équipe.

Vos plans d'action

Pour vous séparer d'équipiers non nécessaires. Notez vos trois prochaines actions :

- ....
- ....
- ....

Pour acquérir de nouveaux équipiers nécessaires.
Notez vos trois prochaines actions :

■ ....

■ ....

■ ....

Les processus d'équipe

Bien gérez votre équipe : du besoin des clients internes à leur satisfaction

Les accidents, les retards, les surcoûts arrivent quand une équipe est mal coordonnée, quand l'équipe ne travaille pas comme un seul homme. Il existe deux outils classiques pour coordonner des personnes lorsqu'elles tentent de faire quelque chose ensemble : le projet et le processus. Toute activité d'une équipe devrait donc faire partie de l'un de ces deux outils. Le processus produit de façon répétitive, alors que le projet produit des changements uniques.

Aucune activité (ou tâche) ne doit être autorisée dans l'équipe, si elle ne fait pas partie d'un projet ou d'un processus, c'est-à-dire si elle n'est pas coordonnée, organisée et rentable pour les besoins d'un client, dans le cas du processus, pour les besoins d'un changement, dans le cas du projet.

Même les tâches originales, créatives doivent faire partie d'un « projet vert » qui est un projet novateur, à l'initiative personnelle de l'un des membres de l'équipe.

Tout processus part du besoin d'un client et enchaîne les tâches jusqu'à sa satisfaction. Les déviances au standard sont mesurées. Le processus est constamment amélioré pour plus de flexibilité, d'automatisation et de simplicité.

Le processus est fait pour produire plusieurs fois la même chose avec efficacité. Pour répondre à de fréquentes demandes avec des délais et des coûts de moins en moins importants.

Une équipe typique, en général, fait « tourner » entre cinq et six processus en même temps.

Posez-vous les bonnes questions

Etes-vous prêts pour l'outil processus d'équipe ? Vous le saurez en répondant aux questions suivantes :

- quels sont les grands processus en cours actuellement dans votre équipe ?

- quelle est la qualité de vos processus actuels en termes de codifications, d'indicateurs de performance, de réduction progressive et continue des coûts et des délais, etc. ?

- gérez-vous vos activités importantes en termes de coûts/bénéfices pour chacune d'entre d'elles ?

Témoignages

« [...] Une activité, c'est une suite de tâches dont le résultat est mesurable, donc vendable. »

« [...] Si c'est nouveau, j'en fais un projet. Si c'est routinier, j'en fais un processus. »

« [...] Je dois savoir quelle est la valeur de chaque activité de mon équipe. Pour pouvoir lui donner plus ou moins de budget. Le meilleur moyen d'estimer la valeur d'une activité est de la mettre dans un projet ou dans un processus. Si elle ne trouve pas sa place dans un projet concret ou dans un processus, nous la supprimons. »

« [...] Dans mon équipe, nous avons toujours trois projets et six processus. En dehors de cela, nous ne faisons rien. »

Optimisez cet outil dans le cadre des différents programmes

La convention d'équipe

Voici une idée pour l'article « Nos processus de production de nos services et résultats » de votre convention de travail.

	Nom des six processus	Résultats mesurables	Besoin satisfait
1.			
2.			
Etc.			

Le Management Cockpit d'équipe

Un tableau de bord classique d'un Management Cockpit d'équipe répond à la question « Comment vont nos processus ? » ou encore « Améliorons-nous la qualité et la productivité de nos processus ? ».

Intranet Indira et Outlook Jane

Les principaux processus en cours dans l'équipe sont décrits en détail dans les pages « Processus d'équipe » du site Web de l'équipe.

Toutes les tâches individuelles du module « Tâches » d'Outlook Jane doivent être catégorisées par le projet ou le processus auxquelles elles appartiennent.

Le plan d'équipe

Quel article de votre plan prouve votre sérieux à vos investisseurs ? Celui où vous décrivez les processus que vous mettez en place pour garantir la productivité et la qualité de vos résultats. Démontrez-leur que vous avez construit une véritable machine à produire, à moindres coûts et délais.

Fixez-vous des objectifs et mesurez vos performances

■ Diminution du nombre de tâches et d'activités ne faisant pas clairement partie d'un projet ou d'un processus.

■ Diminution du nombre de projets et de processus qui n'en ont que le nom, mais ne suivent pas les règles du genre.

Votre plan d'action

Pour réorganiser vos trois principaux processus. Notez vos trois prochaines actions :

■ ....

■ ....

■ ....

Le séminaire de construction d'équipe

Soudez votre équipe !

Il faut bien se connaître pour bien travailler ensemble. Organisez un séminaire de deux jours avec votre équipe pour la souder ! Passer du temps ensemble, en dehors du bureau, est toujours bénéfique à la connaissance des autres.

Que faire pendant ce séminaire ? Des exercices qui rapprochent les gens :

- choisir ensemble des objectifs communs ;
- signer une convention qui organise le travail commun ;
- créer ensemble le site Web de l'équipe ;
- rédiger la mission de l'équipe ;
- rédiger le plan d'affaires qui sera soumis à la hiérarchie pour obtenir plus de moyens et de responsabilité.

Beaucoup d'équipes utilisent le séminaire pour jouer un petit jeu. C'est un simple exercice amusant qui simule une situation plausible, un incident, une plainte sérieuse de la hiérarchie par exemple. Les participants ne sont pas au courant qu'il s'agit d'un jeu, d'un exercice fictif. Le patron leur annonce la nouvelle et l'équipe commence à réagir. Un débriefing est fait après une heure d'enregistrement des interventions de chacun.

Posez-vous les bonnes questions

- Interrogez votre entourage sur son expérience des séminaires d'équipe : qu'est-ce qui était bien ? Qu'est-ce qui n'a pas fonctionné ?

- Comment organiseriez-vous un tel séminaire ? Quels exercices d'équipe préférez-vous ?

- Un séminaire d'équipe se centre souvent sur un programme. Lequel choisiriez-vous ? Management Cockpit d'équipe ? Convention de travail ? plan d'équipe ? Intranet Indira ? Outlook Jane ?

Témoignages

« [...] Ce séminaire était indispensable. Après nous n'avons plus travaillé de la même façon. »

« [...] Ce séminaire nous a permis de signer tous une convention de travail qui a tenu plus de deux ans. »

« [...] J'ai toujours trouvé ridicule de se promener ensemble dans les bois, de faire des jeux ensemble. En revanche, décider ensemble des objectifs communs m'a paru plus utile. »

Optimisez cet outil dans le cadre des différents programmes

La convention d'équipe

Voici un exemple pour l'article « Comment allons-nous organiser notre séminaire annuel ? » de votre convention de travail.

Lieu	
Invités	
Date	
Programme utilisé	
Résultats attendus	
Décisions à prendre	

Le Management Cockpit d'équipe

Le séminaire d'équipe peut avoir comme objectif de choisir ensemble les tableaux de bord et les indicateurs de performance qui vont guider l'équipe pour l'année à venir.

Intranet Indira et Outlook Jane

Le séminaire d'équipe peut avoir comme objectif de choisir les questions qui vont figurer sur les sites Web individuels pour collecter le savoir-faire de chacun.

Outlook Jane peut avoir pour objectif d'apprendre à utiliser Outlook comme outil de travail en équipe.

Le plan d'équipe

Le séminaire d'équipe peut avoir comme objectif d'écrire ensemble le plan d'affaires de l'équipe et de répondre aux vingt-deux questions du modèle de plan d'affaires.

Fixez-vous des objectifs et mesurez vos performances

Les indicateurs de vos succès avec cet outil ne manquent pas :

■ nombre d'heures de formation au travail d'équipe par an ;

- nombre d'outils de travail en équipe couramment utilisés ;
- niveau d'utilisation des logiciels classiques de support au travail en commun.

Votre plan d'action

Pour organiser votre prochain séminaire d'équipe. Notez vos trois prochaines actions :

- ....

- ....

- ....

La description de poste

Intégrez vos fonctions !

La plupart des problèmes d'une équipe découlent de descriptions de poste floues ou contradictoires.

Il y a des espaces blancs dans l'équipe, des potentiels d'activité ou d'affaire dont aucun équipier n'est vraiment responsable. Il y a des espaces noirs, là où deux équipiers se marchent sur les pieds, sont en conflit.

Votre première leçon est de délimiter les rôles de chacun, mais en gardant la possibilité de l'opportunisme.

Une bonne description de poste d'équipe comprend moins de trois pages et répond aux questions logiques du futur coéquipier :

- quelles sont mes fonctions ?
- sur quoi serai-je jugé rationnellement ?
- quels sont mes objectifs ?
- quels sont les moyens dont je dispose ?

- à qui puis-je demander de faire quoi ?
- de qui dois-je accepter de faire quoi ?
- quel est mon espace de liberté, d'initiative. Dans quelle zone mes indicateurs restent-ils dans le vert ?
- quelle est la description de poste des trois personnes avec qui je devrais travailler le plus souvent ?

Posez-vous les bonnes questions

Les questions ne sont pas faciles, mais elles sont essentielles à une bonne équipe :

- combien d'entre vous ont reçu une description de poste ?
- combien d'entre vous ont reçu une description de poste répondant à toutes les questions ci-dessus ?
- avez-vous comparé vos descriptions de poste et vos rémunérations avec les trois personnes avec lesquelles vous travaillez le plus ?
- avez-vous vérifié qu'elles s'intègrent bien pour éviter les conflits ?

« [...] J'ai comparé ma description de poste et mon système de rémunération avec ceux de mes coéquipiers. Surprise ! On nous avait miné le terrain. »

« [...] C'est simple : nous avons rédigé nos descriptions de poste nous-mêmes et nous les avons soumis à la hiérarchie. À notre étonnement, ils les ont signées sans modification en nous disant que ce qui comptait pour eux, c'est notre rentabilité finale et pas la façon dont nous comptions nous organiser et nous rémunérer. »

« [...] Je tiens beaucoup à ce que ma description de poste réponde clairement à toutes les questions du modèle que nous a remis notre service Ressources humaines. Sans la réponse à ces sept questions essentielles, je me sens moins motivé. »

Optimisez cet outil dans le cadre des différents programmes

La convention d'équipe

Les descriptions de poste de tous les coéquipiers sont toujours en annexe de la convention.

Le Management Cockpit d'équipe

Les pages de la description de poste qui comportent les indicateurs de performance que l'équipier accepte en plein responsabilité deviennent des tableaux de bord communs dans le Management Cockpit d'équipe.

Intranet Indira et Outlook Jane

Les équipiers se présentent souvent sur leur site Intranet individuel en affichant leur description de poste.

Le plan d'équipe

L'investisseur interne doit avoir été rendu confiant par le soin que vous avez mis à remplir vos descriptions de poste au sein de l'équipe de gestion.

Dans les services, les descriptions de poste intégrées constituent l'appareil productif.

Fixez-vous des objectifs et mesurez vos performances

Les indicateurs de vos succès avec cet outil ne manquent pas.

- Index de mesurabilité des descriptions de poste.
- Diminution du coût de la supervision : plus le poste est mesurable, moins il a besoin de supervision.
- Index de cohésion des descriptions de postes des membres d'une même équipe.

Votre plan d'action

Pour rédiger, corriger et intégrer les descriptions de postes des personnes qui doivent travailler ensemble. Notez vos trois prochaines actions :

- ....
- ....
- ....

La convention d'équipe

Signez ensemble une convention de travail

Cette convention doit garantir la cohésion de votre équipe.

Prenez le document modèle de convention de travail en équipe. Adaptez-le à vos besoins au cours d'une ou de deux séances de travail. Vous serez surpris du nombre de conflits potentiels que vous aller détecter et éliminer.

C'est toujours une bonne chose de signer ensemble un accord de six ou douze mois, qui règle la façon de collaborer, de s'écrire, de se réunir et de décider. Cela vaut amplement les quelques heures passées à se mettre d'accord.

Posez-vous les bonnes questions

- Notre équipe est-elle bien organisée ?
- Quels sont les derniers incidents qui pourraient témoigner d'une diminution de cohésion entre nous ?

■ Comment les personnes extérieures jugent-elles l'efficacité actuelle de l'équipe ?

Témoignages

« [...] Au début, je pensais que de vouloir signer ensemble un document qui organise notre travail était trop formel, trop administratif. Puis, quand l'équipe est passée à huit personnes, réparties sur trois sites différents, j'ai vite compris que c'était indispensable. »

« [...] Notre équipe exerce des responsabilités critiques. Je ne pouvais pas laisser à la seule intuition la façon de nous coordonner. »

« [...] Le fait de faire signer à tous un document écrit a fait surgir des malentendus potentiels. Cela a vraiment déminé notre équipe avant le début d'une année difficile. »

Optimisez cet outil dans le cadre des différents programmes

La convention d'équipe

Voici une idée pour l'article « Notre convention de travail » de votre convention de travail.

Nous nous engageons à respecter cette convention :	
Signatures	
Validité	
Arbitrage	

Le Management Cockpit d'équipe

Le document de convention contient toutes les questions dont la réponse va constituer le contenu de votre Management Cockpit d'équipe.

Intranet Indira et Outlook Jane

Le contrat de travail que vous signez ensemble sert de base au contenu du site Web d'équipe et des sites Web individuels.

La convention forge un consensus sur l'utilisation d'Outlook Jane comme outil de travail en équipe.

Le plan d'équipe

La convention constitue le plan d'affaires de l'équipe. À partir de la convention signée, il est facile d'écrire le plan. Tout y est.

Fixez-vous des objectifs et mesurez vos performances

- Améliorer les performances globales de l'équipe.
- Diminuer le nombre de conflits dans l'équipe.
- Respecter les délais et les budgets des projets de l'équipe.
- Améliorer les résultats de l'équipe.
- Augmenter les budgets et les ressources confiées à l'équipe.

Vos plans d'action

Pour faire passer le questionnaire d'audit et préparer le modèle de convention. Notez vos trois prochaines actions :

■ ....

■ ....

■ ....

Pour conduire le séminaire convention qui conduira à la signature du contrat. Notez vos trois prochaines actions :

■ ....

■ ....

■ ....

Partie 3

Une histoire vécue, un exercice de conclusion

Lisez attentivement cette histoire vraie. À la fin de votre lecture, répondez à une série de questions pour tester vos connaissances de la bonne organisation du travail en équipe.

Positionnez-vous par rapport aux techniques qui améliorent les performances d'une équipe.

L'histoire vous présente les discussions réelles d'une équipe au cours de ce processus de sélection des techniques à appliquer pour diminuer les conflits internes et pour augmenter la cohésion de l'équipe.

Vous travaillez tous en équipe et vous connaissez parfaitement ces situations. La difficulté de cette partie repose, non pas sur votre compréhension du cas de travail en équipe, mais sur les réponses aux questions précises et pratiques qui vous sont posées à la fin de l'histoire.

C'est l'exercice final à faire de préférence en équipe. Discutez entre vous et répartissez-vous les questions. Répondez aux questions d'abord individuellement. Remplissez ensuite le questionnaire en équipe après avoir pris l'avis de tous, fait la synthèse et les moyennes de vos réponses individuelles. Notez plusieurs réponses si vos avis individuels sont trop divergents pour une même question.

Bon courage !

Cas N., équipe M & A

Séminaire de Glion (12 décembre 2003)

L'invitation au séminaire

À tous les membres de l'équipe M & A,

Notre équipe d'achat et de vente de sociétés filiales pour notre groupe alimentaire compte maintenant plus de 37 personnes. C'est un centre de profit à part entière. Notre équipe travaille au siège central de l'entreprise à V., mais nous voyageons tous beaucoup. Après l'échec cuisant de l'affaire P., notre équipe se réunira pour une journée de séminaire à l'hôtel Palace de Glion, le 12 décembre 2003.

Le but de ce séminaire est simple. L'échec de cette affaire est dû en grande partie au mauvais fonctionnement de notre équipe : mauvaise cohésion et conflits internes. Nous devons donc changer l'organisation de notre travail.

Nous nous réunissons pour signer ensemble deux documents. Le plan d'affaires d'équipe, que nous devons présenter si nous voulons garder notre budget, et une convention de travail pour décider ensemble, une fois pour toutes, de la manière de nous réunir, communiquer, gérer nos projets, nos processus, etc.

Signé
John Star, manager

Le compte-rendu

Après avoir déjeuné rapidement, John fait reprendre le travail à son équipe. Il donne la parole à Edith qui s'en prend immédiatement à Georges.

– Écoute Georges, je ne sais jamais où tu es, ni ce que tu fais. Je veux bien qu'il te faille de la liberté, mais il faut aussi que l'équipe puisse se coordonner et travailler ensemble. Tu dis que la plupart des demandes que je te fais sont impossibles, mais, si tu étais plus clair sur ton emploi du temps, je ne serais pas toujours à te harceler pour savoir où tu es et ce que tu fais. Je…

– Merci, nous connaissons le problème, l'interrompt John. Une solution Georges ?

– L'équipe de Marc utilise un agenda électronique partagé, qui lui donne toute satisfaction. Chacun note précisément sur l'agenda Outlook du réseau, à chaque heure, tout ce qu'il fait, où il se trouve, avec qui il est et pour quel dossier. Chacun peut donc savoir ce que les autres font. On n'essaye plus de les voir à Genève le jour où ils sont à Zurich, on ne s'inquiète plus de l'affaire X car on sait qu'ils y travaillent, juste en regardant leurs agendas. Dans l'équipe de Marc, cet agenda, complet et ouvert, est devenu la norme : « Tu ne le fais pas, tu es dehors ». Pour Marc, c'est le signe que tu veux partager, travailler en équipe ou que tu ne veux pas.

– Quel travail de devoir tout écrire dans son agenda !

– C'est le prix à payer pour mieux travailler ensemble.

– Franchement, je n'ai pas envie que l'on me bloque mon temps et que l'on me fixe une réunion sans que j'aie l'occasion d'en discuter.

– Ce n'est pas parce que tu dis ce que tu fais que tu perds le contrôle !

– Et si j'ai des choses privées à faire ?

– Tu marque la plage de temps comme « privée ». Pas de problème, chacun y a droit.

– Votons, les interrompt John. Qui est pour cette discipline de travail en équipe ?

– 4 pour et 2 contre.

– C'est décidé, nous testons cette méthode. Les deux contre feront un effort de trois mois et puis on reverra la chose.

– À toi Andrew. Pour toi, qu'est-ce qui n'a pas marché dans cette affaire, pourquoi notre équipe n'a-t-elle pas fonctionné ?

– Je suis sûr que l'on a commencé à perdre quand Jack a passé trois semaines à revoir totalement le portefeuille client de P., alors que le service de Jay avait commencé ce même travail deux semaines auparavant.

– Pas seulement cela, Jack et Jay ont donné à P. des réponses différentes à la même question. Une même situation et deux réponses différentes de la même équipe !

– Et le même travail fait deux fois dans la même unité !

– Qu'est-ce qu'on fait pour que ça n'arrive plus ? Jay, à toi. Présente la solution dont tu m'as parlé.

– Ce n'est pas compliqué, il faut relancer notre bible d'équipe. On prend les vingt situations, les vingt problèmes les plus fréquents qui peuvent se présenter à notre unité. On se met d'accord sur la solution de bonne pratique pour chacune de ces situations, sur la check-list de choses à faire par l'équipe si cette situation se présente. Procédons comme à l'armée : chaque fois qu'un problème se pose plus de trois fois, écrivons une « *standard operating procedure* ».

– Qu'en pensez-vous ? demande John en se tournant vers les autres.

– Pas mal. Ainsi, nos réactions seront mieux coordonnées. Faisons front face à l'extérieur, disons tous la même chose. En plus, la qualité de nos réponses relève du plus haut standard. Il faut rendre opérationnel tout ce qui peut l'être. Mettons plutôt notre énergie et notre créativité au service de ce qui est imprévisible.

Mais Ken ne partage pas cet avis.

– C'est utile seulement pour les situations prédictibles et fréquentes. Or, nous en rencontrons peu dans notre métier.

– Faux. Les situations prédictibles occupent au moins la moitié de notre temps. Fais la liste, tu verras que beaucoup de solutions ont une trame commune.

– Et si j'ai envie de résoudre le problème autrement, à ma façon ?

– Tu fais ce que tu veux. C'est toi le pilote, le seul maître à bord de ton affaire. Tu dois simplement dire pourquoi tu es sorti de la procédure standard convenue avec l'équipe. Même si le ciel est grand, tu n'es pas le seul à y voler.

John conclut rapidement ce débat.

– Trop lourd maintenant. Quand notre unité aura plus de cinquante personnes, ce sera sans doute indispensable !

– À toi David. Pourquoi nous sommes-nous plantés ? Dis ce que tu penses pendant qu'elle est partie.

– S'il faut tout mettre sur le tapis, je te confirme que, pour moi, ce qui a fait tout échouer, c'est l'attitude de Monika. Elle n'est pas venue au rendez-vous du 7 septembre. Elle n'a pas terminé à temps son rapport. On dirait qu'elle n'est pas avec nous.

– Qu'est-ce qu'on peut faire ?

– Visiblement, Monika a d'autres intérêts que les nôtres. Elle doit sortir de l'équipe. On a déjà tout essayer pour l'intégrer.

– Des avis ?

– Je suis contre. Cela lui fera mal.

– Moi je suis pour. « Sortir » un équipier qui met nos objectifs en danger, c'est souvent la seule bonne solution pour lui et pour nous.

– Je crois qu'elle sera soulagée, dit John. On la « sort » de notre équipe. Je lui dirai ce soir dans l'avion. Elle tiendra le coup. Je crois même que cela l'arrangera de se consacrer totalement à l'équipe de Peter.

– John, on doit aussi te jeter la pierre. Tu n'as pas toujours été clair. Tout le monde ici croyait que l'affaire D. avait la priorité pour toi sur l'affaire P. En plus, on croyait tous que tu marchais surtout au cash et moins au profit, et tu nous dis maintenant que, dans ta tête, c'était l'inverse. On a tous travaillé à maximiser le cash dans nos calculs alors que tu jugeais au profit. C'est pour cela que nos réunions s'éternisaient, c'est pour cela que tu n'avais pas toujours l'air content alors que l'on croyait avoir fait ce que qu'il fallait !

– Juste, je n'ai pas été précis. Pour résoudre le problème, il faut établir un tableau de bord commun, se mettre d'accord ensemble sur ce qui est important et sur ce qui l'est moins.

Je vais noter ce que je crois être les douze facteurs clés de succès de notre équipe. Je vais choisir uniquement des indicateurs de performance mesurables. Je vais les mettre par ordre de priorité. Ensuite, chacun de vous va deviner ce que j'ai écrit sur mon papier, me donner tous les indicateurs et dans l'ordre d'importance. On verra comme cela si l'on est loin l'un de l'autre, si l'on se comprend.

© Éditions d'Organisation

Ensuite on discutera et on se mettra d'accord sur les principaux indicateurs de performances que nous avons en commun.

– C'est une bonne idée. Cela nous permettra de mettre à jour nos discordances, nos incompréhensions. C'est un moyen comme un autre de mieux nous connaître. Un tableau de bord d'équipe sur lequel nous nous sommes mis tous d'accord, cela ne doit pas être trop difficile.

– Et si cela montre que l'on ne connaît même pas les priorités de notre numéro un ? Et si dans notre métier rien n'était mesurable, rien ne pouvait se traduire par des chiffres ? C'est un exercice dangereux !

Mais John pense que cela vaut la peine. C'est vite fait et toujours utile.

– Tant pis. On le fait et on verra bien !

– On continue. On déballe tout. Cathy ? Tu n'as rien vu venir ? Tu aurais dû !

– Des informations, on en avait trop. Mais pas les bonnes. On n'a pas eu les réponses à nos questions. On n'a pas mesuré ce qu'il fallait. Chacun de nous avait une vue partielle. Je ne savais pas ce que j'aurais dû savoir. On a vu venir le problème trop tard. Si l'on avait su que ces trois indicateurs étaient déjà dans le rouge le 12 mai, on aurait pu corriger plus vite. Mais l'on avait que les indicateurs stratégiques, ce sont des indicateurs placés trop hauts. Les futurs problèmes se détectent d'abord sur le terrain.

– Peter a vu chez les équipes d'U. un système qui marche pas mal pour corriger cela. Tu nous en parles brièvement ?

– C'est pas compliqué. On va se mettre d'accord sur les douze questions dont il nous faut avoir les réponses pour mieux piloter notre unité. Ensuite, pour chacune, on choisira quelques indicateurs mesurables qui apporteront une réponse.

– Ces questions devraient être évidentes. Nous sommes un centre de profit. Notre équipe doit avoir des indicateurs pour répondre aux questions de base : Allons-nous atteindre nos objectifs ? Vendons-nous agressivement ? Réduisons-nous les bons coûts ? Nos clients et nos employés sont-ils satisfaits ? Sommes-nous en danger ? Comment vont nos grandes affaires ? …

– Pas mal comme idée. On va être plus réactif, plus précis et au moins chacun ne pourra plus ignorer les chiffres et les problèmes qui soucient l'autre. Un problème dans les indicateurs de Mark peut exploser à la figure de Peter trois mois après.

– Non, il faut faire confiance à nos collaborateurs. S'ils nous disent que tout va bien, c'est que tout va bien, les détails leur appartiennent. Il ne faut pas tout mesurer, il faut faire confiance, il ne faut pas regarder par-dessus leur épaule.

– De toute façon, avec les nouveaux logiciels, on sait déjà tout ce que l'on pourrait vouloir savoir, il suffit de mieux chercher, de mieux présenter toute cette information.

– On y va, on n'a pas le choix. Notre équipe doit mieux informer pour la prochaine fois.

– Erik, c'est toi qui es le plus certain que notre communication était le maillon faible. Donne ton avis.

– C'est à la réunion du 13 juin que cela c'est mal passé pour notre équipe. Le danger était déjà bien présent, mais on ne le voyait pas clairement. On n'a pas assez insisté sur les dangers, on n'a pas eu une vue d'ensemble. Les réunions n'ont pas été efficaces. Les informations étaient mal présentées, mal synthétisées. Chacun avait apporté ses propres présentations du problème, brouillant encore plus les pistes.

– Il faut alors faire comme les équipes de direction : dédier une salle de réunion au travail d'équipe. Il faut afficher nos performances, le suivi de nos actions, en grand et en permanent. Il faut organiser un tableau des alertes avec des lampes rouges toujours visibles par tous, à chaque réunion. Il faut synthétiser toutes ces informations visuellement et surtout montrer à tous les actions et les résultats de chacun.

Il nous faut une salle de travail en équipe, une salle « de guerre » – car c'en est une avec PG – avec une vue d'ensemble de la situation.

– Laisse ça aux équipes de direction. Ça fait gadget, nos écrans d'ordinateur nous suffisent. Cela fait autoritaire et guerrier et puis nos problèmes sauteront aux yeux de tous les visiteurs. Ce n'est pas une bonne publicité.

– Tant pis, autant être agressif, la situation ne nous permet pas un autre choix. Il faut jouer la transparence.

– C'est décidé. On fait un essai d'affichage de nos performances et de nos informations sur des panneaux roulants. On affiche les douze tableaux de bord, les performances et les dangers, uniquement pendant nos réunions. Mais je suis d'accord pour que chacun de nos indicateurs ait une lampe rouge, verte ou jaune.

– Ce qui est aussi à revoir, c'est la façon dont nos réunions sont organisées. On ne s'est pas assez vu pendant les six mois de cette affaire et quand on s'est réunis, c'était trop long et pas efficace.

– Exact. Il nous faut des réunions plus fréquentes mais plus courtes et surtout plus efficaces. L'équipe de Luc a une méthode qui marche. Chaque matin, ils se voient dans le bureau de Luc pendant 20 minutes, debout. Chacun peut parler une minute, pas plus, après il doit passer la parole. Leur deuxième rendez-vous d'équipe, c'est le vendredi de 17 h à 18 h 30 dans leur salle d'équipe, avec tous les tableaux de bord affichés. Personne ne peut apporter de présentation personnelle. On ne discute que des indicateurs. Priorité aux faits et aux résultats.

– Cela fait six réunions pas semaine, c'est beaucoup.

– Mais cela va éviter beaucoup d'interruption entre nous. Si l'on se voit plus souvent, on peut attendre la prochaine réunion sans devoir téléphoner ou pousser la porte de son collègue.

– Et surtout, ce sont six réunions très courtes et très organisées.

– De plus, la réunion du matin n'est pas obligatoire. Si tu n'as rien à dire, ou à demander, tu n'y vas pas.

– Il faut absolument réduire notre temps en réunion. Avec ce système, cela nous fait entre deux et trois heures par semaine de réunion d'équipe et de projet.

C'est 20 % de moins qu'actuellement. Des réunions plus disciplinées seront plus efficaces.

– Faisons un test. Ton équipe sera pilote. Dans trois mois, tu nous diras, si tu conseilles d'étendre cette technique au reste de l'unité !

Monika avait envie de parler depuis longtemps. John lui donna la parole.

– Je suis désolée de m'en prendre à toi, mais, au moment critique, on n'a pas vu ton drapeau dans la bataille. Quoi qu'en disent les théories modernes, une équipe a besoin d'un chef marquant, qu'on peut suivre car on sait qu'il va quelque part, qu'il a fait un choix. On n'aime pas trop les chefs qui ne sont qu'une description de poste et qui sont interchangeables. Durant cette crise, c'est une personnalité qu'il nous fallait, un gars qui prend le risque d'être différent. Un chef qui existe. C'est pour cela que tes équipiers sont partis un peu dans tous les sens à partir de l'incident de Paris. L'attaque a été brutale et l'on n'a pas vu un chef qui émergeait. Le consensus, c'est bon en tant de paix. Ça ne marche pas en temps de guerre.

– C'est vrai que j'ai trop cherché à faire plaisir à tout le monde. Pour que cela n'arrive plus, j'ai écrit en une page la charte de la mission de notre équipe. Ce qui me différencie, ce qui nous différenciera. J'ai fait des choix qu'un autre n'aurait peut-être pas fait. On se focalise sur les affaires de type « Acquisition » et on laisse courir les autres. Mon choix est de proposer de payer moins que mes prédécesseurs. C'est risqué, mais vous me jetterez après les résultats de mon pari et pas avant.

– Cette charte de notre mission d'équipe est ridicule et infantile. Ce n'est pas ce papier qui va tout arranger. De toute façon, la mission, ce n'est pas toi qui va la choisir, c'est eux, c'est le marché.

– Ça aiderait quand même de savoir globalement où on va en suivant un chef qui s'engage en écrivant cela. Je n'ai pas confiance en quelqu'un qui va tout faire bien. S'il veut qu'on le suive, il faut au moins qu'il prenne le risque de s'engager noir sur blanc.

– Monika a raison, je suis un opportuniste, on verra bien.

– Ce qui nous a manqué, c'est un projet vraiment commun. Les équipes qui marchent sont les équipes centrées sur un vrai projet qui demande les efforts coordonnés de tous.

Dans l'affaire P., chacun avait un petit bout de travail à faire, mais cela ne constituait pas un vrai projet avec un planning, des étapes clés, des livraisons intermédiaires, etc.

– D'accord. L'affaire E., nous allons l'organiser comme un projet avec un logiciel de gestion de projet, il y en a de très simple.

– C'est pénible à organiser correctement un projet, surtout avec un logiciel, aussi simple soit-il. Il faut tout diviser en activités et en tâches, puis trouver une ressource pour chaque tâche, organiser un planning, faire des diagrammes d'avancement. Est-ce que cela en vaut vraiment la peine ?

– Oui. Un projet bien organisé permet de travailler plus efficacement ensemble. Chacune de nos affaires doit être gérée comme un projet avec une date de début et une date de fin, avec un résultat mesurable pour chacune des étapes avec des ressources allouées à chaque tâche. S'il y a plus de deux personnes de notre équipe qui doivent intervenir dans un même dossier, cela vaut la peine d'organiser un petit projet pour coordonner les ressources et les personnes.

– Faisons un essai avec l'affaire E. Tu es le chef de projet. Envoie-nous un diagramme de l'avancement toutes les semaines, que nous sachions tous en une page et une minute, si ton projet va bien ou mal.

La réunion est de plus en plus tendue.

– On m'accuse, mais je n'ai jamais su que Mark connaissait bien ce compétiteur, je n'ai jamais su, John, que tu connaissais bien cette nouvelle technique d'évaluation. Si j'ai passé trois jours à répondre à cette question, c'est parce que je ne savais pas que Don – dans ma propre équipe – avait déjà répondu à la même question il y a six mois.

– Difficile d'évaluer l'information au sein de nos équipes. Une solution est de faire comme les équipes allemandes et françaises. Nous allons tous formaliser ce que nous savons et le mettre à disposition des autres sur l'Intranet d'équipe. Ainsi, quand vous aurez une question, vous interrogerez d'abord les sites des autres pour tirer bénéfice de ce qu'ils savent. On ne peut plus se permettre de réinventer la roue.

– Je vais organiser cela, John. Il existe un questionnaire classique qui va vous aider à organiser tout ce que vous savez qui pourrait être utile aux autres. Votre savoir-faire va être structuré pour qu'un moteur de recherche puisse trouver les réponses aux questions des autres.

– C'est fastidieux ces banques de documents et de savoir. Personne n'a le temps de les alimenter, personne n'est récompensé pour ce travail et cela devient tellement énorme que plus personne ne va y chercher quelque chose.

– C'est parce que c'est trop centralisé. Les informations dont nous avons besoin ici sont très spécifiques, il vaut donc mieux faire au sein de l'unité des sites personnels de collecte de savoir, comme pour Internet. Mais ce sera moins confus : c'est un Intranet d'équipe que nous pouvons mieux organiser que l'Internet public.

– OK. Chacun va commencer par se présenter complètement sur son site personnel, ensuite vous y mettrez votre description de poste détaillée et votre tableau de bord. Puis, sur notre liste des processus, clients, compétiteurs et fournisseurs, vous mettrez les trois dont vous êtes le spécialiste. On commence comme cela et puis on verra. Chacun dira aux autres le nombre de visiteurs qu'il reçoit sur son site chaque semaine. J'offre une Patek Philippe à celui dont le site restera le plus visité pendant six semaines. Si vous y mettez des choses intéressantes et utiles aux autres, vous aurez des visiteurs de toute l'unité.

– Pour moi, nous avons eu un autre point faible. Si l'on s'est fait avoir, c'est parce que, dans notre propre équipe, notre délégation était floue. Ils ont vu la faille entre nous et ils en ont profité.

– On va y remédier en urgence. On va formaliser la délégation dans notre unité.

Chacun de nous va citer ses douze délégués – les personnes pour lesquelles il a une autorité pour leur demander quelque chose – dans l'entreprise et les trois autorisations qu'il a données à chacun d'eux pour faire certaines choses à sa place : répondre à certains messages, faire certaines tâches, assister à des réunions, traiter certains dossiers.

Nous allons confirmer tout cela ensemble afin qu'il y ait moins d'ambiguïté dans la délégation de notre unité.

– C'est trop formel et pas aussi simple que cela. L'autorité n'est pas aussi précise. Nous pouvons toujours demander à quelqu'un de faire quelque chose à notre place. Quelquefois, il dira oui et quelquefois non, en fonction des autres choses qu'il a à faire. On ne peut pas organiser la délégation, c'est trop humain, trop psychologique.

– C'est vrai, on ne peut pas le faire pour tout. Mais on ne peut pas toujours renégocier ce que l'on demande à quelqu'un. Sinon, on passe son temps à jouer le psychologue et à régler des problèmes de personnes. C'est toujours possible pour trois délégués et pour trois autorisations chacun. On va le faire.

– Prenons la voie intermédiaire. Chacun donne trois délégués et trois autorisations. Les délégués cités devront approuver. Cela sera plus clair et l'on saura qui fait quoi dans cette unité.

– Suivant. Tant qu'on y est !

– Je reçois de l'unité plus de quarante mails par jour et la rubrique « Sujet » des messages ne m'est utile en rien pour les traiter. Je suis obligé de tout lire et je n'ai pas le temps.

– Soyons plus coopératifs. Nous allons tous nous obliger à remplir la rubrique « Sujet » de nos messages avec des codes : les noms exacts des dossiers partagés. Cela permettra de dégager notre boîte de réception : Outlook les classera automatiquement dans leurs dossiers respectifs. Nous prendrons connaissance de ces messages quand nous voudrons et pas quand ils arriveront. Cette convention d'équipe permet aussi de transmettre directement à nos délégués les sujets pour lesquels nous leur avons donné l'autorisation de traiter à notre place.

– Encore une contrainte. On ne pourra même plus mettre ce que l'on veut comme sujet de message à notre coéquipier. En plus, il faudra se mettre d'accord pour utiliser le même vocabulaire. Pour ma part, j'ai envie de vérifier tous mes messages quand ils arrivent et non pas les faire classer automatiquement dans un dossier sans que je les voie passer.

– Pas moi. Je reçois trop de courrier et je ne vois pas pourquoi je ne ferais pas avec le courrier électronique ce que je demande à ma secrétaire de faire avec le courrier papier : classer les messages dans leurs dossiers respectifs et les répartir à mes collaborateurs selon les sujets. Je m'occupe des messages quand je m'occupe du dossier qu'ils traitent, pas quand ils arrivent. C'est moi le patron.

– Donnons un nom précis aux dix dossiers que nous partageons en équipe et n'utilisons que ces noms, avec un seul sujet par message.

– Moi, ce qui me gêne le plus dans cette unité, c'est que je reçois trop de messages en copie, pour information.

– Utilisons un tableau d'affichage d'équipe dans Outlook. Nous le diviserons en différents sujets chauds. Au lieu d'envoyer des messages d'information à tous nos coéquipiers, envoyons les messages au tableau d'affichage d'équipe.

– Cela va nous obliger à le consulter systématiquement.

– Non, tu le reçois comme un journal quotidien, mais uniquement avec les sujets auxquels tu te seras abonné. Tu le lis, si tu as le temps. C'est beaucoup plus efficace que de lire tous les messages qui te sont adressés en copie et qui ne te concernent pas directement.

– Faisons ce tableau d'affichage. On le limite aux messages sur les six événements critiques, les six clients et les six affaires critiques du mois.

– Je vais être cynique. Le problème, c'est que, dès que nous sortons de la réunion, nous changeons de casquette, nous ne sommes plus des membres de ton équipe, nous redevenons vite les chefs de nos propres équipes. L'équipe que nous croyons former n'existe pas vraiment.

– C'est parce que nous n'avons pas créé les rôles d'équipe. Dans les autres équipes, il y en a toujours trois : *Pilot In Command, Chief Cockpit Officer et Cockpit Officer*. Nous pouvons les occuper à tour de rôle. Dans cette équipe, nous serions deux à pouvoir tenir le rôle du PIC, trois à pouvoir tenir celui de CCO et six à pouvoir être CO. Dans les équipes de direction, PIC est un rôle à mi-temps pendant deux ans, CCO est un rôle à quart-temps pendant trois ans et CO est un rôle à plein temps pendant un an.

Le PIC est celui qui joue actuellement le rôle du chef, le responsable des résultats de l'équipe pendant une certaine période, le CCO est l'officier exécutif, il est responsable des opérations de l'équipe Le CO est le secrétaire de l'équipe.

– Est-ce nécessaire d'avoir encore cette charge de travail en plus de nos responsabilités de chef de nos propres équipes ?

– Oui, si l'on estime qu'une équipe est nécessaire. S'il y a beaucoup de choses que nous ne puissions pas faire seuls, encore oui. Ce sont des rôles de coordination indispensables, et il est tout aussi indispensable que plusieurs personnes puissent les remplir quand les autres sont absentes.

– OK, on nomme trois d'entre nous à ces postes pour six mois. On introduit dans leurs tableaux de bord, un indicateur vérifiant s'ils ont bien rempli ce rôle d'équipe.

– Il faut que l'on apprenne à travailler en équipe à distance et sans nécessairement devoir se réunir, ni s'envoyer des notes au hasard. Si on utilisait mieux Outlook sur notre réseau, on gagnerait du temps et l'on se coordonnerait mieux. On ne sait même pas comment faire gérer nos messages par Outlook, comme si c'était une bonne secrétaire électronique : les classer, leur donner une priorité, les envoyer directement au délégué le mieux placé pour le traiter.

– Encore une formation. Ce n'est pas une priorité.

– Cette formation Outlook Jane proposée par le *Corporate* ne prendra qu'une demi-journée en équipe et après, elle te fera gagner de nombreuses heures.

– La solution : on n'y va pas tous. On désigne le CO pour devenir spécialiste Outlook Jane et nous donner des trucs sur le tas.

– Le DRH Corporate m'a donné un exemplaire d'un *Team Cockpit Book*. Si, ensemble, on répond à ce questionnaire, notre équipe est refaite.

– Je crois que c'est la bonne technique pour repartir du bon pied. Vous savez que la reconstruction d'une équipe après un accident comme celui que nous venons de vivre, passe par les quatre étapes suivantes.

Formation de l'équipe : chaque membre présente aux autres ses forces et ses faiblesses, les tâches qu'il pense faire, les buts qu'il pense avoir, les rôles qu'il pense jouer. Puis le leader présente son projet.

Génération des conflits : chaque membre s'oppose aux autres membres en fonction des conflits de tâches, d'objectifs, de rôles, du projet. Puis le leader présente un compromis.

Génération des règles du travail en équipe : le leader présente les comportements et les règles acceptables dans le groupe, la description du rôle de chacun. Puis les membres de l'équipe agréent ou quittent l'équipe.

Travail commun aux objectifs de l'équipe : le leader présente un tableau de bord commun. Puis les membres proposent des tableaux de bord subsidiaires de chacun.

– On a encore deux heures. Ce sera notre travail de fin de séminaire. Monika, on repartira ensemble sur Paris ?

– Je résume. Nous savons que la principale cause d'échec d'équipe sont les différences individuelles, notamment les différences d'objectifs et leurs priorités, les différences de charge de travail et de rémunération, les différences de choix, de décision à prendre, les différences de personnalité et de valeurs et les différences de loyauté à d'autres groupes.

– Nous allons améliorer les performances de notre équipe en améliorant son organisation : organiser et systématiser les interactions des équipiers, fonctionnaliser les relations, faire accepter des standards de comportement et des objectifs communs. Pour cela, nous allons activer les six outils que nous venons de choisir.

– Bon. Arrêtons de parler du passé. Je vous distribue un modèle de plan d'affaires que j'ai adapté à la situation de notre équipe. Je vous donne aussi un modèle de convention de travail. Nous avons encore un jour pour nous mettre d'accord et pour signer !

Vos conclusions sur cette histoire ?

Répondez aux questions suivantes. Répondez d'abord individuellement aux questions, puis faites une synthèse en équipe, une moyenne de vos avis que vous reportez sur un seul questionnaire.

Question 1

Quels sont les méthodes, les outils de travail en équipe qui apparaissent dans cette histoire ? Donnez les noms et décrivez celles qui sont illustrées succinctement par cette histoire.

Question 2

Comment allez-vous organiser le travail de votre équipe du point de vue de la communication par échange de messages électroniques ? Quelles sont les règles de messagerie que vous allez leur proposer de respecter ?

Question 3

Pour ce qui est du management, qu'est-ce qu'un « Tableau d'affichage d'équipe ». Comment fonctionne-t-il ? Quelle est son utilité pour la bonne communication dans une équipe ? Comment pouvez-vous faciliter son organisation avec votre logiciel habituel de messagerie ?

Donnez la structure du tableau « Nouvelles chaudes » que pourrait avoir votre équipe.

Question 4

D'après vous, comment les managers utilisent-ils le logiciel Outlook (ou un logiciel similaire) pour faciliter la gestion de leur équipe ?

4.1. Ils utilisent le module « Messagerie » de la façon suivante pour faciliter le travail en équipe :

4.2. Ils utilisent le module « Agenda » de la façon suivante pour faciliter le travail en équipe :

4.3. Ils utilisent le module « Contacts » de la façon suivante pour faciliter le travail en équipe :

4.4. Ils utilisent le module « Tâches » de la façon suivante pour faciliter le travail en équipe :

Question 5

Vous allez mettre sur pied une gestion du savoir de votre équipe. Comment allez-vous demander à chacun de structurer, d'organiser son savoir afin qu'il puisse être partagé et utilisé par d'autres ?

Donnez un exemple des questions que vous poseriez à quelqu'un d'expérimenté pour déprogrammer son savoir, pour l'organiser en items, pour le structurer afin de le rendre délégant, transférable, utilisable aisément par d'autres personnes

Quelles sont les questions que vous poseriez à un nouveau membre de votre équipe pour bien le connaître professionnellement ? Comment vous-même organiseriez-vous votre savoir sur un site Web personnel pour le rendre accessible à d'autres membres de votre entreprise ?

Sur la page 1 (ma page d'accueil), je mettrais les informations suivantes.

Les informations suivantes permettent aux autres de vraiment mieux me connaître professionnellement, de mieux me comprendre et de mieux utiliser mes compétences :

À partir de cette première page, je permettrais aux visiteurs de naviguer dans mon savoir par les couloirs suivants :

Voici les principales sections de mon site de gestion de savoir personnel pour organiser mon savoir-faire :

Question 6

Comment allez-vous motiver les membres de votre équipe à mettre tout leur savoir à disposition des autres en le structurant correctement sur leur site personnel de l'Intranet d'équipe ?

Je les motiverais de la façon suivante :

Question 7

Une fois le savoir de tous les membres importants du groupe de travail mis en forme et structuré sur leur site personnel, comment allez-vous demander d'organiser la recherche d'informations, l'interrogation de ce savoir d'équipe ?

Dans mon équipe, je fais travailler et communiquer mes équipiers par :

Question 8

Vous voulez des réunions d'équipe : comment allez-vous les organiser ?

Quelle est la durée planifiée des réunions que vous allez organiser avec votre équipe de travail ?

Quelles sont les trois règles d'organisation de réunion que vous ferez respecter en priorité ?

Question 9

Comment pourriez-vous tirer parti d'une salle de réunion qui vous serait allouée pour améliorer le travail en équipe ?

Question 10

Vous avez décidé de faire un tableau de bord commun à l'équipe et d'y consacrer un jour de séminaire ensemble. Comment allez-vous organiser ce travail pour vous assurer qu'à la fin de la journée, vous soyez tous d'accord sur douze indicateurs de performance communs ?

Question 11

En ce qui concerne le management, qu'est-ce qu'un test de cohésion d'équipe ?

Question 12

Bien qu'ayant été nommé responsable de l'équipe, vous n'êtes ni le plus âgé, ni le plus gradé, ni le plus expérimenté dans le métier. Quels sont les attitudes, les comportements que vous allez adopter pour améliorer votre leadership, votre influence sur vos six équipiers ?

Question 13

Comment allez-vous organiser la mémoire de votre équipe, de votre travail en commun, de vos réalisations communes ? Comment allez-vous éviter que, dans votre unité, une même tâche ne soient effectuée inutilement deux fois par deux personnes différentes qui ignorent ce que fait l'autre ?

Question 14

Votre équipe va devoir réaliser trois grands projets. Comment allez-vous organiser la supervision de ces projets auxquels chacun des membres de l'équipe doit apporter sa contribution ?

Qu'allez-vous demander aux chefs de projet comme reporting sur leur projet ? Comment allez-vous suivre de façon mesurable l'avancée de ces projets ?

Question 15

Votre équipe doit prendre une décision difficile, que vous voulez consensuelle. Quelle méthode allez-vous utiliser pour faciliter le consensus, pour accélérer et rationaliser le processus de décision collective ? Comment allez-vous organiser la prise de décision pour permettre à vos équipiers de changer éventuellement d'opinion et de se rallier aux autres sans perdre la face ?

Questions 16

*En ce qui concerne le management, quelle est la définition d'un **tableau de décision** et comment cet outil de travail en équipe fonctionne-t-il d'après vous ?*

Comment pouvez-vous paramétrer Outlook en réseau pour vous faciliter ce travail ?

*En ce qui concerne le management, quelle est la définition de la **méthode Delphi** de collecte d'opinion d'expert par un décideur ? Comment cet outil de travail en équipe fonctionne-t-il d'après vous ? Comment pouvez-vous paramétrer Outlook en réseau pour vous faciliter ce travail ?*

Question 17

Comment allez-vous organiser et contrôler la délégation des tâches dans votre équipe ? Quelle méthode allez-vous suivre ?

*Dans le vocabulaire du management, qu'est-ce qu'un **délégué** et qu'est-ce qu'une **autorisation** ?*

Donnez un exemple dans votre travail actuel : qui sont vos six délégués et quelles sont les trois autorisations principales que vous avez données à chacun ?

Quelle fonction de logiciel de travail collaboratif (Outlook, Lotus Notes, etc.) pourriez-vous utiliser pour vous faciliter cette tâche ?

Question 18

Vous désirez rédiger un fichier des politiques et des procédures standard dans votre équipe. Comment allez-vous commencer ce travail et quelle méthode allez-vous utiliser pour garantir une attitude commune de qualité face aux problèmes et aux questions les plus communes qui pourraient se poser à n'importe quel membre de votre équipe ?

Question 19

Il y a trois rôles, trois fonctions de base à distribuer au départ de la constitution d'une équipe. Ces fonctions sont souvent attribuées en tournante parmi les membres de l'équipe qualifiés pour ces fonctions. L'un des rôles est celui de team leader. Quelles sont les deux autres fonctions d'équipe que vous devez faire assurer par les membres de l'équipe ?

Nommez ces deux fonctions et donnez-en une brève description :

Question 20

Écrire ensemble la charte de la mission de l'équipe est une technique classique de management qui vise à souder une équipe autour d'axes forts proposés par le chef de l'équipe.

Ce texte doit avoir des qualités précises pour être un véritable outil de cohésion – et donc de performance – d'équipe. Quelles sont ces trois qualités principales ?

Question 21

Écarter une personne peut être quelquefois une solution à la bonne marche d'une équipe. C'est une solution qui peut sembler extrême mais qui peut souvent être salutaire.

Si vous deviez écarter une personne de votre équipe pour le bien collectif, quelle serait-elle et pourquoi ce choix ?

Question 22

Un agenda électronique bien complété par tous et ensuite ouvert à tous sur le réseau est une technique de management qui se répand de plus en plus. Pourquoi ne l'utilisez-vous pas ?

Question 23

Voici les titres des tableaux de bord opérationnels, typiques d'une équipe standard. Modifiez-les afin qu'ils correspondent mieux à votre équipe et à votre situation actuelle.

Modèle	Remplacé par la question
Mur noir : objectifs et dangers Allons-nous atteindre nos objectifs ? Sommes-nous en danger ? Améliorons-nous nos finances ?	
Mur bleu : productivité et qualité Vendons-nous mieux ? Réduisons-nous les bons coûts ? Améliorons-nous notre qualité et notre productivité ?	
Mur rouge : environnement Comment évoluent nos clients internes et externes ? Comment évoluent nos compétiteurs et notre environnement ? Comment notre hiérarchie nous juge-t-elle ?	
Mur blanc : mouvements Comment vont nos grands projets de changement ? Suivons-nous nos plans et nos procédures ? Quelles sont les décisions à prendre ?	

Question 24

Un projet commun soude toujours une équipe. Décrivez celui en cours dans votre équipe. Attention ! Un projet est une procédure bien définie en management. Votre projet réclame-t-il bien l'effort coordonné de tous les membres de l'équipe ?

Question 25

Construire une nouvelle équipe est une technique de management, une méthode, une procédure à respecter en quelques étapes. Citez ces étapes classiques :